U0895298

浦睿文化 出品

尤里卡文库

Le Mythe de Sisyphe

Albert Camus

西西弗神话

[法] 阿尔贝 · 加缪　著

袁筱一　译

湖南人民出版社

导读

1940 年 2 月，加缪完成了《局外人》。他在构思下一部关于“瘟疫或者探险”的小说，同时也在写后来成为《西西弗神话》的随笔，主题是荒诞。而在 1942 年 1 月至 2 月的手记里，加缪写道：“一旦做出了荒诞的结论，愿意接受这样的人生，人就会发现意识是世界上最难把持的东西。所有的状况几乎都在跟它作对。事关如何在一个分崩离析的世界里保持清醒。”这一段话基本可以被用来作为进入《西西弗神话》的导语。

加缪是一个很有计划的人。所谓的“荒诞”三角与“反抗”三角并非只是评论界的一面之词，而是作者本人的写作计划，主题核心早就已经定下，内容却可能随着阅读或者经验的延展而产生变化。在 1942 年，这个三角已经确定。从 1941 年底开始，在皮亚的帮助下（因此我们看到《西西弗神话》就是“献给帕斯卡·皮亚”的），加缪就已经产生了将《局外人》《卡里古拉》和《西西弗神话》放在一起出版的想法。在他看来，三部作品不仅彼此关联，贡献于同一个关于荒诞的主题，而且彼此阐释，也彼此支持。更何况，最先完成的《局外人》已经得到了马尔罗的肯定，他也根据马尔罗的意见做了一些调整，前景还是很好的。伽里玛出版社当时在波朗的强力推荐下，对出版这三本书的反应也很积极，尽管在德占期间，需要拿到许可证和纸张的配额，但是看来什么也不能阻挡一位将在法国乃至世界文学史上留下重要足迹的年轻作家横空出世了。

的确，“荒诞”三角的成熟度容易让我们忘记另一个事实：那就是在《局外人》和《西西弗神话》相继出版的1942年，加缪还只是一个三十岁不到的年轻人。他从阿尔及利亚来，虽然父亲是法国人，但是父亲的早逝和家境的贫穷让他与法国的精英教育和主流文学圈没有任何直接的关系。幸好巴黎主流文学圈的判断在大部分时间里没有错——虽然他们也时不时“看走眼”——条件具备，他们首先出版了《局外人》，首印4400册。然而《西西弗神话》还是在当时的特殊情况下经历了一些小波折，因为被要求删去关于卡夫卡的部分。急于出版的加缪接受了，代之以关于陀思妥耶夫斯基的《群魔》的部分。最终，《西西弗神话》在1942年的10月出版，首印2750册。不过，好消息是，《局外人》卖得一直不错，《西西弗神话》出版之际，又再印了4500册。

战争结束之后，《西西弗神话》再版，原来被要求删去的卡夫卡的这一部分成了补篇，也仍然是《西西弗神话》中不可分割的一部分。这也是我们现在读到的《西西弗神话》的通常版本。因此，除了补篇之外，《西西弗神话》分成四个部分，第一个部分关系到荒诞的概念和推理。第二个部分则是所谓的“荒诞之人”，是从荒诞的概念到荒诞的行动（创造）之间的过渡。第三个部分就是荒诞的创造，因为“创造，就是活过两次”。最后一部分是西西弗神话，加缪把荒诞之人放在了西西弗的肩上，通过这个时时都在推石头上山，并看着石头滚落，却依然保持平静的形象告诉我们什么是人的尊严。

“荒诞”概念当然不是加缪的首创。在加缪之前，马尔罗用过荒诞（absurde）的说法，萨特也在他的小说《恶心》里明确提到过荒诞的概念。罗冈丹产生恶心的感觉，他说：“荒谬（诞）这个词此刻在我笔下诞生了。……荒谬（诞）不是我脑中的一个念头，也不是一种声音，而是我脚下的这条长长的死蛇，木蛇。是蛇的爪子还是树根还是秃鹫爪，这都没有关系。我没有形成明确的语言，但我明白自己找到了存在的关键、我的恶心及我自己生命的关键。”（沈志明等译，《萨特读本》）加缪在《西西弗神话》里虽然没有点名，但是也提到了萨特的这一概念，提到“这种被我们当今的某位作家称之为‘恶心’的感觉，就是荒诞”。但是萨特并没有在自己的哲学体系中对之加以定义，显然，他也不想从这个角度去生发自己的哲学思想。因而在《西西弗神话》的开始，加缪也明确定义《西西弗神话》说，这些文字就只是“一个世纪以来散见于各处的荒诞的感觉，从严格意义上来说，并不是我们的时代尚不知晓的荒诞哲学”。而在另一个方面，虽然荒诞哲学并不存在，可是人类荒诞的命运早已在数个文学的文本中被一再提及，除了略显抽象的《恶心》之外，我们自然还会想到塞利纳的《茫茫黑夜漫游》或者是马尔罗的《人类的命运》。

既然加缪放弃了哲学的提法，我们在阅读《西西弗神话》的时候，当然是尽量忘却这个字眼比较好，宁愿用他在开头所提议的“想法”。只是荒诞说到底，是人类存在的一种境况，因此总是和彼时的哲学思想撇不清关系。于是在《西西弗神话》中，加缪也还是从雅斯贝尔斯、克尔凯郭尔、胡塞尔、海德格尔、舍斯托夫、舍勒入手，还有当代思想永远绕不过去的尼采。即便我们不用费劲地去弄明白所有这些哲学家的彼此关联和思想体系，我们也能够从这种态度中获知，荒诞是被加缪当作一个切入人类存在的角度的：从这个角度，描述人的存在的种种面貌，以及种种面貌之后的仍然体现为“现象”的共同命运。

这是怎样的一种共同命运呢？

在《西西弗神话》的第一部分，加缪探讨了荒诞与三个存在要素——也是彼时的哲学家热衷探讨的三个要素——之间的关系：死亡、理性与自由。死亡的背后隐含的是生命的意义问题；理性的背后隐含的是意识或是认识问题；而自由的背后则隐含的是对待生命的态度问题。人的必死性是人类荒诞命运的基础，因此哲学家们试图从这样或者那样的角度确定存在的意义，以求证生命的合法性。但是，在《卡里古拉》中，卡里古拉发现的真理是：人必有一死，但是他们并不幸福。于是，卡里古拉一夜之间准备抛却一切束缚，随心所欲，转而成为人人痛恨的暴君。

荒诞就此和非理性连接在了一起，因为直到荒诞之人清醒过来之前，我们所提供的种种方案都不足以解决人的幸福问题。荒诞是从怀疑开始的，它首先是在现代社会下被凸显出来的一种分离，加缪说：“世界重新变回原来的面貌，我们不再能够有所把握。这些为习惯所遮蔽的布景又变回原来的样子。它们远离了我们。……世界的这份厚重和陌生，就是荒诞。”

更甚一步，“有时布景会坍塌。起床，电车，四小时待在办公室里，或者在工厂里，吃饭，然后再是电车，四小时的工作，吃饭，睡觉，周一周二周三周四周五和周六，都是同样的节奏，大多数的时间里，这条路也不会有什么问题。只是有一天，突然间就问了个‘为什么’，于是，在这份惊讶所掩藏的厌倦中，一切开始了”。

工业社会中，人被曾经掌握在手的技术所规定，开始的时候也不要紧，因为我们已经接受了一切，我们从来没有细想过。但是突然之间，会有人因为某种特殊的原因，觉得并非都是如此理所当然。对于平常人来说，这种异样的感觉只是一闪而过。但在戏剧化的舞台上，我们可以对荒诞之人面对的分离加以浓缩，并且将之演绎为逻辑的推理。加缪因此为默尔索创造了杀人的环节。默尔索因为杀了人，进了监狱，想明白自己究竟是因为什么才进的监狱，他在精神上被他人择了出去，自己也主动把他人都择了出去，于是默尔索清楚地看见了布景与自己的存在之间的这份距离，并**有意识地**将坍塌下来、不再能默默吞没自己存在的布景放置在了对面的位置，像堂吉诃德冲向风车一样地冲上去。我们平常人并没有机会成为荒诞之人，因而也不会因为这种突然之间的发现打破日常生活的常轨，爆发出如默尔索一般的巨大激情——倘若从这个意义上说，荒诞的情感的确是一种非理性的情感。

加缪的可贵之处，或许正在于他将非理性的激情与理性的推理连接起来。如果说，荒诞的命运是任谁都回避不了的，也并不因为清醒的认识就可以避得开，那么加缪在开始时为我们带入的就是地中海的阳光。在《西西弗神话》中，他明确地告诉我们："以前，是要知道生命是否有意义，值得我们活过。而此时，恰恰相反，正是因为生命很可能没有意义，它才值得更好地活过。经历某一种经验，经历命运，就是充分地接受它。但是倘若我们不竭尽全力，充分掌握通过意识显现出来的这份荒诞，就无法经历这我们已知是荒诞的命运。"

迎着命运而上，无论在"荒诞"三角，还是"反抗"三角里，都是加缪为我们确立的存在的态度，也是他嫁接在西西弗这个形象上的人类应有的态度。巨石的滚落就好像人的必死性。然而，除了平静地一次又一次地迎接命运的挑战之外，人还有更好的昭示尊严的途径吗？纵使人类几千年来累积的智慧还不足以抵挡诸神霸道而无理的惩罚，但人类运用智慧完成的一件又一件的创造本身，用加缪在《西西弗神话》里的话来说，是“最为有效”的反抗。

人不也是在创造中对自己的存在负起责任的吗？当堂吉诃德走出家园，从此告别了那个由上帝，由神，或者由任何一个先验的权力来规定何为人类美德的世界，他最大的野心和西西弗的一样，是迎来一个真实的世界。为此，他心甘情愿地接受来自原先那个虚无的美德世界的惩罚。人的这种创造的态度，被加缪称为希望。人是不幸福的，这千真万确；但另一个千真万确的真相是，即便如此，人从来没有停下过追求幸福的脚步。当加缪写下“我从荒诞之中得到了三个结果：我的反抗，我的自由和我的激情”时，当加缪引述整个 20 世纪为之倾倒的尼采的名言“重要的不是永恒的生命，而是永恒的生命力”时，当加缪借用西西弗总结道，“他爬上山顶所要进行的斗争本身就足以使一个人心里感到充实。应该认为，西西弗是幸福的”时，我们还有任何理由不跟随着加缪的逻辑，不将《西西弗神话》看作是“最为有效的反抗”吗？

否则，又如何解释加缪已经离世六十年后的今天，人类再次面临命运的巨大考验时，我们有不堪，有挣扎，有怯懦，有痛苦，但我们也依然没有停下脚步，我们每一个个体都在为了人类继续存在下去而努力地活着。如果看到这一点，加缪应该也觉得是幸福的吧。因为是在努力活着的过程中，人类终于翻转了荒诞命运之牌，获取了掌握自身命运的自由。

最后一点想要说明的是，如果说《西西弗神话》的写作和出版是在加缪的严密计划里，重译《西西弗神话》却本不在我的计划之中。《西西弗神话》已经有若干个版本，仅我读过的就有专攻法国哲学的杜小真先生的版本，文字洒脱的李玉民先生的版本，以及译风严谨、一向在准确与优美之间应付自如的郭宏安先生的版本。这或许也足以证明加缪的魅力吧：时间流逝，他在他的种种形式的艺术创造中所提出的问题却越来越值得我们严肃对待，并且空间之大，一个译者难以穷尽。我是在这些年越来越强烈的想要亲近加缪的愿望中突然受到了浦睿文化的邀约。中间也曾想过放弃，但一则有浦睿的坚持，二则也是想回应加缪在《西西弗神话》里所说的“坚持、敏锐是最为恰切的观察者”。我不知道我的坚持是否有价值，但希望在此表达对前面诸个版本的译者的敬意，因为是他们让我爱上了加缪，并且懂得了坚持的可贵。

袁筱一

2020 年 4 月于上海

献给

帕斯卡·皮亚[1]。

1 帕斯卡·皮亚（Pascal Pia，1903—1979），法国作家、记者。（本书中的脚注均为译者注，每个章节末尾附有作者注。）

哦，我的灵魂并不向往不朽，而是要穷尽可能之地。

—— 品达[1]《皮托竞技会颂歌》之三

1　品达（Pindare，公元前 518—前 438），古希腊诗人。

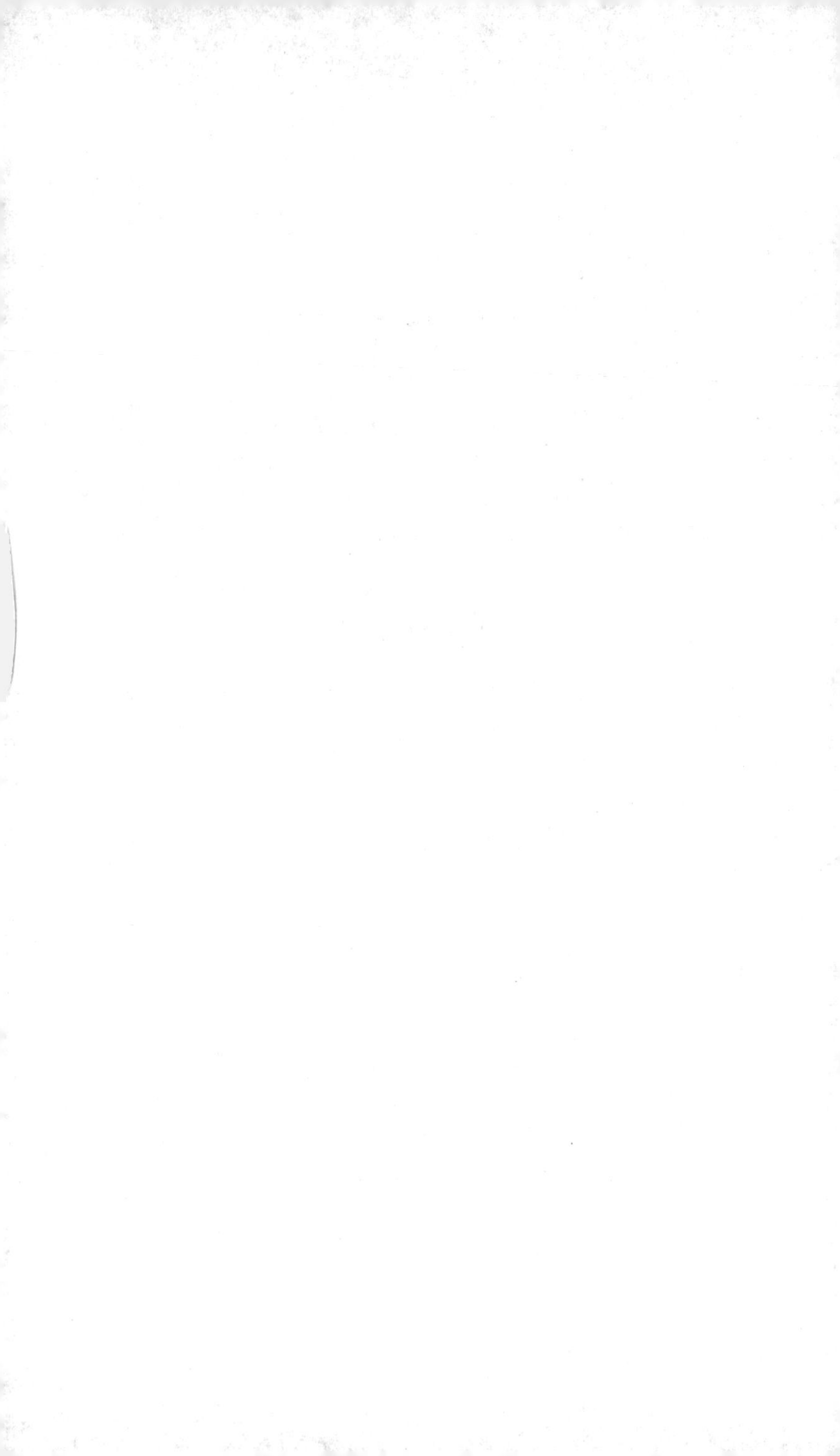

目录

荒诞的推理

接下来的这些文字论述的是一个世纪以来散见于各处的荒诞的感觉，从严格意义上来说，并不是我们的时代尚不知晓的荒诞哲学。因此，出于最基本的诚实，在开始时，我们必须指出当代的某些思想对它的贡献。我不想掩藏这一点，所以，在整部作品中，我都会引述、评论这些思想。

但是同时，我们也有必要指出，迄今为止都被当作某种结论来对待的荒诞在本文中是被当作起点来看待的。从这个意义上，我们可以说我的评论中有临时的成分：人们无法对其正在介入的立场做出预判。因此在这里只有描写，对一种精神疾病的纯粹状态的描写。目前，还没有任何形而上的意味，没有任何信仰掺和进来。这是本书的界限和唯一的立场。

荒诞与自杀

> 真正严肃的哲学问题只有一个，那就是自杀。

真正严肃的哲学问题只有一个，那就是自杀。对生命是否值得经历做出判断，这是对哲学的基本问题做出回答。剩下的，比如说世界是否有三个维度，精神世界究竟是有九个层级还是十二个层级，那都是次要的，是游戏。首先必须回答。如果如尼采所说，一个哲学家要想得到他人的尊重，就必须以身作则，那我们就能够理解对这个问题做出回答的重要性，因为随之而来的就是具有决定意义的行为。这些当然都是心灵很容易感受到的，但是必须更加深入，使之在精神中更加清晰起来。

如果要我说，这个问题为什么比其他问题都要迫切，我想应该是因为它所招致的行动。我还从来没见过有谁为了论证世界的本质而赴死的。伽利略手中握有重要的科学真理，但是一旦这真理危及他的生命，他立刻弃若敝屣。

在某种程度上，他是对的。这真理不值得让他付出生命的代价，在柴堆上被烧死。究竟是太阳围着地球转还是地球围着太阳转，这真是无关紧要。直截了当地说，这就是一个微不足道的问题。但是反过来，我发现有很多人死去，是因为他们认为生命不值得继续。更奇怪的是，还有些人，却是为了支持他们活下去的想法和幻想慷慨赴死（人们所谓的生的理由，往往也是极佳的死的理由）。因而我觉得，生命的意义要比其他问题都来得重要。如何才能回答这一问题呢？所有的关键问题，我想无非是有可能让人赴死的，或是能够无限强化人们对生的热情的，对此，也许只有两种思维方式，拉帕利斯[1]式的或是堂吉诃德式的。只有介于事实与抒情之间的平衡才能够让我们既富有激情，又不失明晰。在我们的构想中，对于一个如此微不足道又富有悲剧性的问题，我们可以想象，传统的、学术性的辩证法应该让位于一种更加简朴的、来自常识与同情的精神态度。

一直以来，我们都只是将自杀当作一种社会现象来看待。但恰恰相反，我们首先要谈的是个人思想与自杀之间

1 拉帕利斯（Jacques II Chabannes de La Palisse，1470—1525），法国元帅，以骁勇善战出名。

的关系。那是一个在心里默默酝酿的行为，和酝酿一部伟大作品是一样的。而自杀者本人却并不知道。有天晚上，他开了枪，或是跳了河。有一天别人对我说，有个房产经纪人自杀了，他五年前失去了女儿，从此之后变化很大，这件事“毁了他”。也找不到更好的说法了。开始想，就是开始被毁。开始时社会和这事没有多大关系。心里有条虫子在爬。必须找到这条虫子。这一死亡游戏，从面对存在的清晰到逃离光明之境，必须要跟着它，弄懂它。

自杀可以有很多原因，总的说来，最显见的不见得是起到最大作用的。我们很少会在深思熟虑之后再自杀（但这个假设却并不能被排除）。危机的起因往往是不受控制的。报纸上经常说“个人的悲伤”或是“无法医治的疾病”。这些解释当然有效。但是还需要知道，是不是有一天，绝望之人的某位朋友和他讲话时态度冷漠。如果这样，朋友就是有罪的。因为这一行为足以加剧原本悬而未决的所有怨恨和倦怠[i]。

但是，很难确定精神趋向死亡是发生在哪一个确切的时刻，其微妙的过程又是怎样的，更容易做的是从行动本身找到它所隐含的结果。自杀，在某种程度上，就像在情节剧中一般，是一种承认。承认我们被生活超越，或者承认我们没有理解生活。不过我们不要在这些类比上走得太远，还是回到常用的词语上来吧。自杀就只是承认生活“不值得”。自然，生活从来都不那么容易。我们继续完成存在所要求的行为，原因有很多，但首要的原因就是习惯。愿意去死则意味着我们承认——尽管可能只是本能地承认——这一习惯有多么可笑，承认活着缺乏深层的理由，承认熙熙攘攘的日常生活实在荒谬，承认承受痛苦毫无必要。

那么，这样一种难以计量的情感究竟是什么呢？它使得精神不再处在浑浑噩噩的状态，而后者恰是生活得以继续所必需的。一个能用种种歪理来解释的世界毕竟还是我们熟悉的世界。但是，在一个突然被剥夺了幻觉和光的宇宙里，人会感到身处局外。这放逐无可救药，因为人被剥夺了关于失去的故土的记忆，失去了对于曾被期许的乐园的憧憬。人与生活的这种分离，演员和背景的这种分离，这就是荒诞的感觉。所有健康人都想到过自杀，我们可以承认，并不需要过多的解释，在这种情感和对虚无的向往之间存在着直接联系。

确切地说，本文的主题正在于荒诞与自杀之间的关系，我们旨在说明，究竟在何种程度上，自杀可以是荒诞的解决方案。我们可以假设，对于一个诚实的人来说，他相信什么，就会据此不断调整自己的行动。他如若相信存在的荒诞性，这也会支配他的行为。他会不断地问自己——明确地，没有矫揉造作的悲怆——既然结论已经有了，我们是否应该尽快离开这无法理解的生存境况，这是一种合情合理的好奇心。我这里谈论的，当然是倾向于和自己达成一致的那类人。

用明确的语汇提出来，这个问题既是简单的，亦是无解的。但是如果我们以为，简单的问题就只能有简单的回答，显而易见的问题意味着显而易见的解释，这可就错了。按理说，如果我们把问题的词项倒过来，就像要么自杀，要么不自杀，那么，似乎只有两个哲学的答案，是或否。这样就太美好了。但是，还必须考虑到那部分总是在询问，却并没有结论的人。在此我并没有讽刺的意思：大多数人都是这样。我还注意到，回答“不”的人，他们的行动却表明了他们想的是“是”。因此，如果我接受尼采的标准，那他们便不过以这种或者那种方式想着“是”。相反，那些自杀的人通常倒是对生的意义十分确定。这样的矛盾是显而易见的。我们甚至可以说，正是因为在这个问题上，我们尤其期待对相反的逻辑一探究竟，这些矛盾才前所未有地如此鲜活。将哲学理论与主张这些理论的人的行为进行对比，这是一个公共的领域。但必须说清楚，在拒绝生命有意义的思想者中，除了文学人物基里洛夫，传奇人物贝勒格里诺（Peregrinos）[ii]以及限于传说范围的儒尔·勒基埃[1]以外，还没有一个人逻辑行为一致，直至拒绝生命的。我们经常提起叔本华在丰盛的饭桌前颂扬自杀的事情，他把这当作笑谈。但这没什么好笑的。叔本华不把悲剧当作什么严肃的事情来对待，也没有关系，但是他终究对自杀者作出了判断。

这一切如此矛盾，如此模糊，我们是否还能够相信，对于生命的判断与弃绝生命的行动之间不存在任何联系？在这方面我们还是不要夸张。在一个人对生命的眷恋中，有某样东西是高于人世间的一切苦难的。对肉体的判断与对精神的判断同样重要，而肉体面对其消亡往往望而却步。我们早在学会思想之前就已经习惯于活着。在这让我们每天都离死亡要再近一点的生命进程中，身体始终往前，不

1 儒尔·勒基埃（Jules Lequier，1814—1862），户籍登记显示的姓为 Lequyer，法国哲学家、神学家，只留有一部未完成的遗作，据说他的作品曾影响过萨特、威廉·詹姆斯等当代哲学家。

可能回头。最后，这一矛盾的关键寓于我所谓的“躲闪”之中。“躲闪”一词比帕斯卡的“转移”少点什么，也多了点什么。必然走向死亡的躲闪造就了本文的第三个主题，即希望。希望另一种更“值得”经历的生命，或是撒谎说不是为了生命本身而活着，而是为了某个超越生命的伟大思想而活着，将生命崇高化，赋予其价值，从而背叛它。

这一切似乎越说越乱了。不过我们在此玩弄辞藻，假装相信拒绝赋予生命意义就一定会导致宣称生命不值得经历，也并非都是徒劳，实际上，在这两个判断之间，没有什么必然的标准。我们只需要在面对我们在前面一直强调的这些混乱、不一致和自相矛盾时，不听凭自己迷失其间。努力排除这一切，直面真正的问题。我们自杀，因为生命不值得经历，也许这就是真理，正因为千真万确，所以没什么价值。但是这一对存在的挑衅和否定，是否源于存在毫无价值？是不是存在的荒诞性让我们通过希望或者自杀来逃离它？这些才是我们应该加以揭示、追索和展现的，其他的都可以放在一边。荒诞是否就要求死亡？这个问题是最最要紧的，在所有的思维方式和公正无私的精神游戏之外。我们的研究和热爱不考虑那类所谓“客观”精神在所有问题上都会引入的差别、矛盾和心理分析。只需要一种不公平的思想，那就是逻辑。但这并不容易。想要合乎逻辑并不难。但是要合乎逻辑到底，这几乎是不可能的。死于自己之手的人就是这样沿着感情之坡而下，直到生命终结。因而，对自杀的思考使得我有机会提出我唯一感兴趣的问题：是不是存在着一种能够一顺到底直至死亡的逻辑？我只有在撇除了混乱的情感后，遵循着唯一的事实之光，进行理性的推理，才能够知晓推理的来源，在这里我已经交代得很清楚了。这就是我所谓的荒诞推理。有很多人已经开始了这样的工作。我不知道他们是否在坚持。

卡尔·雅斯贝尔斯[1]在发现根本不可能构建统一的世界时，叫喊道："这一限制将我带至自身，我不需要再躲在我所表现的客观观点之后，而我自身或是其他人的存在对我而言也不再是客体。"在其他很多人之后，他列举了这些思想走到尽头的荒漠无水之地。在其他很多人之后，也许吧，但是，那些人是多么迫切地想要摆脱啊！很多人，包括最卑微的人，都抵达过这最后的转折关头，思想在摇摆。他们放弃了曾经最为珍视的生命。另一些人，他们是精神上的贵胄，他们也放弃了，但他们做出的是一种思想上的

1　卡尔·雅斯贝尔斯（Karl Jaspers，1883—1969），德国哲学家、精神病学家。

自杀行为，是最纯粹的反抗。真正的努力却恰恰相反，是尽可能地坚持下去，仔细观察已经渐渐远离之地的奇花异草。对于这一非人类的游戏来说，坚持、敏锐是最为恰切的观察者，因为在这里，荒诞、希望和死亡彼此争辩、驳斥。这一基本又难以捉摸的舞蹈，思想需要对其各种符号（figure）进行分析，然后再加以展示，重新经历。

我发现有很多人死去，是因为他们认为生命不值得继续。更奇怪的是，还有些人，却是为了支持他们活下去的想法和幻想慷慨赴死。

自杀，在某种程度上，就像在情节剧中一般，是一种承认。承认我们被生活超越，或者承认我们没有理解生活。

一个能用种种歪理来解释的世界毕竟还是我们熟悉的世界。但是，在一个突然被剥夺了幻觉和光的宇宙里，人会感到身处局外。

我们早在学会思想之前就已经习惯于活着。在这让我们每天都离死亡要再近一点的生命进程中，身体始终往前，不可能回头。

荒诞之墙

> 就像仇恨能将人与人连接在一起一样，荒诞也将人与世界紧紧联系在一起。

和伟大的作品一样，深邃的情感总是比其有意识地表达的要多。心灵对一件事情的坚持或厌恶往往通过一个人习惯性的所做所思得到反映，在心灵尚不自知的结果中得以继续。伟大的情感自有天地，或灿烂或悲惨。伟大情感的激情照亮了一个排他的世界，又于其中找回了自己独有的环境。所谓天地，有嫉妒的天地，有野心的天地，有自私或者慷慨的天地。所谓天地，是形而上的，是精神的一种态度。已经得到专门定义的情感固然真实，但成为其基础的、不确定的激情更加真实，后者和美或者荒诞在我们身上激起的感觉一样，既混乱，又"确定"，既遥远，又"现世"。

无论在哪条小路的拐角处，荒诞情感都会直接扑向任何一个人。就这样，赤裸裸的，令人气恼，亮而无光，根本抓不住。但是抓不住本身就是值得思索的。一个人有可能对我们而言永远是陌生人，在他身上，总有点什么为我们所不知的、不能复原的东西。但**实际上**，我认识他们，能通过他们的行为分辨出他们，从他们行为的总和中，从他们的生活历程所带来的结果中。同样，所有这些非理性的、无法分析的情感，我**实际上**也是能够定义的，**实际上**可以加以欣赏，将所有的结果归于智识的范围内，抓住它们，描绘它们的面貌，勾勒它们的一方天地。可以肯定的是，表面上，同一个演员我看过一百遍，也并不见得能对他有更深的了解。但是，如果我把他所表演的人物都加起来，此时我说，待我看到他演第一百个人物的时候，我对他的认识就会稍微深入了一些，这话在某种程度上并不算错。因为这个表面上的矛盾也具有一定的寓言意义。其中隐含着某种道理。它告诉我们，一个人既可以通过他的表演得到定义，也可以通过他真诚的冲动得到定义。就是这样的，一种更低的语调，或是深藏内心，无从触碰，但会不知不觉地被人们的行为或是隐含的精神态度部分出卖了的情感。大家能够感觉到，我就是这样界定了一种方法。但大家也能够感觉到，这更是一种分析，而不是一种知识。

因为方法意味着形而上，会不知不觉地背叛了方法本身无法预知的结论。因此，一本书的开头往往已经包含了结尾。这是无法避免的。这里界定的方法表明，全真的知识是不可能的。只有表象可以被一一列举，只有环境可以得到感知。

这一无法捉摸的荒诞感，也许我们能够从不同但彼此相近的世界——智识、生活的艺术或艺术本身——抵达。荒诞的环境是开始。结局，是荒诞的世界，是用自有的日光照亮世界的精神态度，让它能够辨识的、这特殊而无情的面貌焕发出荣光。

* * *

所有的伟大行动和伟大思想究其开端都不值一提。伟大作品通常诞生于一条小街的拐角，或是餐馆的小门厅。荒诞也是如此。相较于其他世界，荒诞世界更是在其卑微的出生中觅到了高贵。对于思想本质的问题，在某种境况下回答说“不存在”也可能是一种装腔作势。被爱的人很清楚。但是如果这一回答是真诚的，如果它形象地表达出灵魂的某种独特状态，亦即虚无变得很有说服力，日常的行为链完全被斩断，心灵在徒劳地寻求重新连接起来的机会，那么，这一回答就是荒诞的第一个标志。

有时布景会坍塌。起床，电车，四小时待在办公室里，或者在工厂里，吃饭，然后再是电车，四小时的工作，吃饭，睡觉，周一周二周三周四周五和周六，都是同样的节奏，大多数的时间里，这条路也不会有什么问题。只是有一天，突然间就问了个“为什么”，于是，在这份惊讶所掩藏的厌倦中，一切开始了。“开始”，这非常重要。机械生活一系列的行为之后，结局必然就是厌倦，但是，它也开启了意识。它惊醒了意识，然后再继续下去。继续下去，要么是无意识地回到链条上，要么是大彻大悟。随着时间的推移，在大彻大悟的尽头，结果到来：自杀或者自愈。厌倦本身含有某种揪心的东西，在这里，我必须下的结论是，厌倦的情绪是好的。因为，一切都开始于意识，如果不是经过意识，没有什么是有价值的。上述这些话没有什么特别之处，但很显然，对荒诞的来源有些粗略的了解已是足够。简简单单的“担忧”二字就是一切的源头。

同样，对于毫无光彩的生活来说，是时间支撑着我们。但是总有这样的时刻，我们必须支撑着时间。我们是靠未来活着的：“明天”“以后”“等你的机会来了”“随着年龄的增长，你会明白的”，这些彼此矛盾的话语还是值得欣赏的，因为终于涉及死亡。但是，突然，某一天，一个人发现，自己三十岁了。他确认了自己的青春。但同时，他也在时间上给自己定了位。他找到了自己的位置。他承认，他处在时间曲线上的某个时刻上，他承认这条时间曲线他是必然穿越的。他属于时间，他感到一阵恐惧，正是在这之中，他认出了自己最有力的敌人。明天，就在他原本应该拒绝的时刻，他还期待着明天。这种肉身的反抗，就是荒诞[iii]。

还有一种略低一筹的层次，就是陌生感：发现这个世界是“厚重”的，突然发现一块石头竟然那么陌生，无法克服，发现大自然或是某处的风景竟然那么强烈地否定我们的存在。在任何一种美的深处，都有某种非人的东西在，而那些山峦，天际温柔的弧线，那树影，就在某一刻，这一切失去了我们曾经赋予它们的虚幻的意义，从此之后比失去的天堂还要遥不可及。于是，世界最原初的敌意穿越了几千年的岁月，朝着我们扑面而来。在这一秒钟，我们不再理解这个世界，因为多少个世纪以来，我们只是用我们事先贴合的图案和形象来理解它，但从此之后我们不再有力量去使用这种人为的方法。世界重新变回原来的面貌，我们不再能够有所把握。这些为习惯所遮蔽的布景又变回原来的样子。它们远离了我们。就像有些时候，我们突然发现自己熟悉的女人的面孔突然变得陌生，而这是我们几个月或者几年前爱过的人啊。也许我们也会对这让我们突然间变得如此孤独的东西产生欲求，但是这一时刻尚未来临。只有一件事要说：世界的这份厚重和陌生，就是荒诞。

人散发出非人的气味。在某些清醒的时刻，他们那行为举动中机械的那一面——毫无意义的矫揉造作，让他们周围的一切变得如此愚蠢。一个人在玻璃隔板后面讲电话，我们听不见他的声音，但是我们看得见他那些毫无意义的手势，我们在想他活着究竟有什么意义。面对人本身的非人性（inhumanité）所感到的不适，在我们自身的形象前的这份无法估量的堕落，这种被我们当今的某位作家称为“恶心”的感觉，就是荒诞。还有在某些时刻，我们在镜子里看到的那个陌生人，我们在自己的照片上看到的那位虽然熟悉，却令我们如此不安的兄弟，这也是荒诞。

我终于可以谈谈死亡了，还有我们对于死亡的情感。关于这一点，一切都已经说尽，我们也必须谨慎地避开其中悲怆的成分。然而，大家都活着，却好像没有人“知道”，对此人们还是惊讶不已。这是因为，实际上，没有人拥有关于死亡的经验。从严格意义上来说，只有经历过并且进入意识里的一切，才是人真正体验过的。在这里，我们只能说，是否有可能谈论别人的死亡。这是一个替代品，是一种精神的视角，对此我们从来都不那么确信。这一带有忧郁色彩的约定俗成并不那么具有说服力。恐惧感实际上来自该事件可以计算的一面。如果说时间让我们感到害怕，那只是因为它在我们的眼前有所展现，而解决办法隐于其后。一切关于灵魂的美好说辞都要暂时通过去九法[1]对其反面加以验证。身体已经麻木，耳光扇上去也没有什么反应，灵魂已经消失。这一偶然事件基本的、决定性的一面构成了荒诞情感的内容。在这一命运的致命的照耀下，无用感显现了。在规定我们的生存条件的令人泣血的计算前，再也没有任何道德或努力无须验证就得到辩解。

再一次，这一切说了又说。在此，我仅仅是做一个迅速的分类，列出显见的主题。这些主题充斥着所有文学和哲学。每天的谈话内容也从中汲取了不少养料。没有必要

1 去九法，一种验算加减乘除的方法，最早可以追溯到萨珊王朝，用于检验贸易中的运算是否正确。

重新发明主题。但是必须确认这些显而易见的主题，方才可以在其后直奔最关键的问题。我需要再重复一遍，我感兴趣的，并非对荒诞的发现，而是荒诞的后果。如果我们对这些事实有所确认，我们应该得出什么样的结论？不加以躲闪，我们会走到哪里？是应该自愿赴死，还是虽经历一切仍心怀希望？在此之前，我们在精神上也应该做同样迅速的筛查。

* * *

在精神上，第一个步骤应该是分清真伪。但是，一旦思想开始思考自身，它最先发现的，就是一个矛盾。此时想要具有说服力是徒劳的。几个世纪以来，再也没有人比亚里士多德说得更清楚、更考究的了："这些意见通常自相矛盾，因而结果也未免可笑。因为倘若我们说一切都是真的，我们就等于肯定了反命题之真，这样一来，也肯定了我们自身的命题之伪（因为对反命题的肯定不能接受这个命题之真）。而我们如果说一切皆伪，这一命题本身也就是错的。如果我们宣称，唯独反命题是错的或是只有我们的命题是对的，我们也就不得不接受真的判断和伪的判断都是不可穷尽的。因为一个真的判断在宣称自己之真的同时，也在宣称其他一系列真的判断，直至无穷。”

这一恶性循环还只是一系列恶性循环的第一个，精神一旦专注于自身，便陷入了令人眩晕的漩涡之中。正因为这些矛盾本身的简单性，所以它们是无法克服的。无论什么样的语言游戏，无论什么样的逻辑花招，理解首先就是统一。在最前沿的方法中，精神最深层的欲望连接上人面对他的世界时下意识被激发的感情，他要求世界是熟悉的，对清晰有本能的渴望。对于人来说，理解这个世界，就是将之简化成人的世界，盖上他自己的印记。猫的世界与食蚁兽的世界完全不同。“所有的思想都是拟人化的”，讲的就是这个意思，是不言自明的道理。因而，只有将现实转化为思想的语汇后，精神才会觉得理解了现实。如果人认为，世界和他一样，也会爱，也会痛苦，他就会妥协。如果思想能够在千变万化的镜像中寻得永恒的现象和关系，能够将之或者将自身概括为唯一原则，那幸福就不是问题了，而关于真福者的神话就只是可笑的赝品。这种对统一的怀念，对绝对的向往，揭示了人类悲剧最为关键的进程。尽管这种怀念是事实，但并不意味着我们应该立刻放下。

因为，倘若我们跨越了横亘在欲望和征服之间的深渊，和巴门尼德[1]站在一边，认为真实是同一的（无论是什么样的同一），我们就掉入了精神可笑的矛盾之中：一方面是在宣称完全的同一，另一方面却在宣称中就昭示了它致力于解决的差异和多样性。这是另一个恶性循环，而它已经足够熄灭我们的希望。

这还都只是些显而易见的事实。我再次申明，这些事实本身并没有什么意义，意义蕴藏在可能从中得出的结论中。我还知道另一个显而易见的事实：所有人都是要死的。但是我们能够历数从中得出极端结论的思想。在本文中，我们必须时刻意识到，在我们自以为知晓的和我们真正知晓的之间，在出于实用的默许和故作无知之间，存在着永恒的距离。故作无知让我们能够怀着某些想法活下去，而倘若真正体验到其中滋味，恐怕整个生活都会因此遭到颠覆。在这一团思想的乱麻前，我们恰恰可以抓住我们与我们的创造物之间的分离。只要精神能够在不变的希望世界中沉默，一切就能够在对希望的追念中得到反映，秩序井

1 巴门尼德（Parménide，公元前 515—前 5 世纪中叶以后），古希腊哲学家，认为存在是真实的、不动的。

然。但是在最初的时刻，这个世界就分裂了，坍塌了：无数闪光的碎片在认知前闪现。我们必须绝望，不要再想着重建让我们心灵得到安宁的熟悉而又宁静的表面。在经历了那么多个世纪的探索，看到那么多思想者放弃之后，我们很清楚，对于任何认知而言，这都是真的。除了专业的唯理论者之外，今天我们已经对真正的知识感到绝望。如果真正想要写唯一一部有意义的人类思想史，恐怕该写的就是追悔与无能组成的思想史。

对于任何人，对于任何事，我又怎么敢说“我了解”呢！我的这颗心，我能够感受到，能够判定它的存在。而这世界，我能够触摸到，也能够判定它的存在。这就是我掌握的科学所能抵达的一切了，剩下的一切都是构建。因为如果试图抓住我确认的这个自我，如果我试图定义他，概括他，他就成了在我指间流走的一滴水。我能够一一描绘出这个自我曾经呈现出的面貌，也能够一一描绘出人们赋予他的面貌，教育，出身，炽热或沉默，高贵或卑贱。但是人们不能将这些面貌相加。我的这颗心，属于我的心，我永远无法定义它。在我对自己存在的确认与我试图描述的这份确信的内容间，存在着一条永远无法填补的鸿沟。从此之后，我永远都将是自己的陌路人。无论是在心理意义上还是在逻辑意义上，真相众多，但同时真相也并不存在。苏格拉底所谓的“认识你自己”和我们告解室上刻着的“要有道德”具有同等价值，都揭示了人们的怀念和无知。不过是重大主题的可怜的游戏罢了。恰恰就是因为它们不够确切，它们才是合理的。

还有这些树，我了解它们凹凸不平的表面，我了解水的味道。我了解青草的芳香，我了解星星的夜晚，那些个夜晚，我的心彻底放松了下来，我又如何能够否认对于这世界，我也体会到了它的能量、它的力量？但是，地球上的所有科学都无法保证这世界是我的。你们向我描绘它，你们教会我分类。你们列举了这个世界的法则，而我出于对知识的渴望，承认这些法则都是真的。你们揭示了世界的运行机制，我的希望与日俱增。到最后，你们告诉我，这个充满魅力、五颜六色的世界分解成原子，而原子又分解为电子。这一切都很好，我于是期待你们继续下去。但是你们和我说，有一个看不见的行星系，电子围绕着某一个核心运转。你们用图像来解释这个世界。我承认你们最后又回到了诗：而我永远都不会了解。我有时间对此感到气愤吗？你们已经换了理论。就这样，本该教明白我的科学最终又回到了假设，清晰又回到了隐喻，这份不确切最终变成了艺术作品。

我又为什么要付出这么大的努力呢？我从山脊柔和的线条以及晚上覆在激动不已的心脏上的手得到的也许还要多很多。我重新回到了起点。我终于明白，即使我能通过科学捕捉到种种现象，并将之一一列举出来，我也并不能够就因此理解了这个世界。即便一一摸遍了这世界的起伏，我对这个世界的了解也并不因此而多一分。于是你们让我在描述和假设之间做出选择，要么是确切的描述，但我从中学不到任何知识，要么是能够教会我一些什么的假设，但一点也不确切。我自己以及这个世界对我而言都是如此陌生，所拥有的救援不过是自要判断些什么的时候便进入了自我否定的思想，这是怎样的一种状况啊，我只有在拒绝获取知识、拒绝生存的时候才能够获得安宁，而征服的欲望全都撞在了一字排开准备攻击的高墙上。拥有愿望，就是挑起种种矛盾。一切都是井然有序，这样被下了毒的安宁就产生了，通过内心无忧无虑、昏昏欲睡，或是致命的放弃而获得的安宁。

智识也以独特的方式告诉我，这个世界是荒诞的。而智识的对立面，即盲目的理性则徒劳地宣称，一切都是明晰的。于是我等着证据，也希望理性的确有它的道理。但是，这么多个自命不凡的世纪过去了，有那么多能言善辩之人，我很清楚，这不是真的。至少在这方面，如果不是我有所不知，还真的没有所谓的幸福。所有诚实的人，对这所谓的普遍理性，无论是实践意义的，还是伦理意义的，对这类决定论，这类能够解释一切的范畴，都只会感到好笑。这一切和人类的精神没有什么太大关系。它们否定的真相，亦即真正的真相是被遮蔽的。在这已经无从辨识的、受限的世界里，人类的命运从此有了意义。一群非理性的人站了起来，围住它，直至最后。在如今取得一致的、重新拥有的洞察力的帮助下，荒诞的情感逐渐清晰，逐渐明确起来。我说世界是荒诞的，但我的进程太快了。我们能说的，也就是世界本身是非理性的。但是荒诞之处在于，这份非理性遭遇了人在内心深处强烈呼唤着的想要清楚地认识这一切的欲望。荒诞取决于这个世界，同样取决于人。目前它是人与世界之间的唯一联系。就像仇恨能将人与人连接在一起一样，荒诞也将人与世界紧紧联系在一起。在这无可救药的、只能听凭冒险的世界里，这就是我所能够清晰辨认的一切。

我们暂且到此为止。如果我真的认为荒诞性就是支配我与生活之间关系的规律，如果我坚信这份在世界种种景观前令我揪心的情感，坚信科学研究强加于我的这份洞察力，我就需要不惜一切代价以确保这一切无虞，并且，需要正视它们，才能够对此有所掌握。尤其是，我要让自己的行为符合这一切的要求，无论产生什么样的结果，都必须接受。我在这里讲的是正直。但是我想早一些知道，思想是否能够在这样的荒漠中继续存活。

我已经知道，至少，思想已经进入了这样的荒漠。思想找到了它赖以生活的面包。它在荒漠中了解到，一直到此刻，是幻想的幽灵滋养了它。它为人类思考最为急迫的若干主题提供了借口。

荒诞自得到承认的那一刻起，就成了一种激情，而且是激情中最为令人心碎的一种。但是知道能否满怀激情地生活，知道能否接受激情的深层法则，亦即它在激荡人心的同时也会焚毁了这颗心，这是问题的关键。但这并不是我们要提出的法则。这一法则位于这种经验的中心。我们以后再谈。现在我们还是来看看诞生于荒漠的这些主题和冲动吧。只须一一列举出来。今天，所有人都了解这些主题。总有一部分人在捍卫非理性的权利。那类我们称之为委曲求全的传统一直都在。理性主义的批评似乎太多了，以至于再也没什么好说的。但是在我们这个时代，总是有些不合情理的体系出现，给理性使绊子，好像理性真的义无反顾勇往直前似的。与其说这证明了理性的有效性，还不如说这证明了理性还有蓬勃的希望。在历史的层面，这两种态度的对峙只是证明了人类永远在这互相矛盾的激情之中撕扯，一头是对统一的向往，另一头则清醒地意识到自己可能会身陷怎样的藩篱。

但是，也许在我们这个时代，理性遭受了从未遭受过的强烈攻击。查拉图斯特拉[1]高喊道："偶然是世界上最古老的贵族。当我说，没有任何永恒的意愿可以超越万物之时，我就把偶然还给了万物。"克尔凯郭尔[2]得了致命的病，他说"这病抵达死亡，而死亡之后再无其他"。自他们之后，荒诞那意义深远、令人痛苦的主题便层出不穷。或者至少——而这微妙的差别非常重要——非理性的思想和宗教思想中的荒诞主题便层出不穷。从雅斯贝尔斯到海德格尔，从克尔凯郭尔到舍斯托夫[3]，从现象学家到舍勒[4]，在逻辑的层

1 查拉图斯特拉（Zarathoustra），相传是公元前 7 世纪到前 6 世纪之间，生活在今天的伊朗的一位"先知"。引文出自尼采著名的《查拉图斯特拉如是说》。

2 克尔凯郭尔（Kierkegaard，1813—1855），丹麦哲学家。

3 舍斯托夫（Léon Chestov，1866—1938），俄国哲学家。

4 舍勒（Scheler，1874—1928），德国哲学家。

面也罢，在道德的层面也罢，因相同的怀旧情结彼此相近，而在方法和目标上又大相径庭的所有思想都热衷于堵上理性的金光大道，从而重新找回抵达真理的捷径。我在这里假设这都是为我们所熟知和体验过的思想。无论其野心是什么，或者曾经是什么，所有的一切都从这难以形容的世界中消失了，因为这个世界就只有矛盾、悖论、恐惧和无奈。而这些思想的共同之处，也就是我们在此所昭示的这些主题而已。对于这些主题也是一样，我们必须说，重要的仍然是从发现中得到的结论。正因为太重要，所以我们需要对结论另加考察。但是就目前来说，我们谈论的还只是发现本身和最原初的经验本身。我们只是试图发现它们之间的一致性。如果说，想要讨论它们牵涉到的哲学过于自负，无论如何，感受一下它们共同的气氛至少是可能的，也已经足够。

海德格尔可不看好所谓的人类状况，他宣称人类的存在已受玷污。唯一的事实，是所有不同层级的存在都会有“忧虑”。对于已经迷失在这个世界的灯红酒绿中的人来说，这忧虑却也只是短暂的、一闪而过的惧意。但愿这份惧意能够意识到自身的存在，并且变为真正的害怕，这才是适合一个清醒的人能够“重新找回存在”的不变的氛围。这位哲学教授毫不犹豫地用人世间最为抽象的语汇写下“人类存在的有限性与局限性要比人类自身更为重要”。他对康德有一定的兴趣，但只是为了揭示“纯粹理性”的有限性。在其分析的最后，他总结说，“面对恐惧的人，世界已一无所有”。这份忧虑在他看来，已然全面超越推理的范畴，他只想着它，只谈论它。他一一列举它所能有的面貌：平庸之人试图将之划入日常，使之失却方向，于是它便是烦恼的面貌；而精神直面死亡时，便是恐惧。海德格尔也没有将意识与荒诞分离。对于死亡的意识源于对它的担忧，于是“存在通过意识呼唤自己”。死亡就是焦虑的声音，它恳求存在“从平常肉身的消失重回自身”。平常肉身也不应当沉睡，而是应该警醒着，直至消耗殆尽。它站立于这个荒诞的世界之上，对其容易堕落的本质予以指责。它在存在的废墟中找寻自己的道路。

雅斯贝尔斯对一切本体论感到绝望，因为他希望我们不再“幼稚”。他知道我们无论如何也无法超越表象的致命游戏。他知道精神的尽头只能是失败。他游弋在历史呈现给我们的精神奇遇上，无情地历数种种体系的失败之处，自认为拯救了一切的幻想，以及毫无遮掩的说教。既然已经论证了认识世界的不可能性，唯一的事实是虚无，我们绝望得无可救药，世界一片荒芜，于是他能够有的唯一态度，就是尝试着找到通向神秘之境的阿里阿德涅[1]线团。

舍斯托夫的著作则总是万变不离其宗，致力于不懈地揭示同样的真相，即最为严谨、最为普遍的理性到头来也总是撞在了人类思想的非理性上。他不曾放过任何贬损理性的机会，不论是充满讽刺意味的表象，还是荒唐的自相矛盾。心灵史或是精神史唯一令他感兴趣的东西就是例外。通过陀思妥耶夫斯基笔下死囚的经验，通过尼采暴烈的思想历险，通过哈姆雷特的咒骂或是易卜生笔下某位苦涩的贵族，他探索、揭示、歌颂人类面对无可救赎时的反抗。他拒绝用理性来澄明这些道理，而是下决心迈向这没有色彩的荒漠，在那里，所有的确定都已经石化。

在所有人当中，克尔凯郭尔也许是最感人的，至少从他的存在的一部分来说如此，他不仅是努力发现荒诞，更是体验荒诞。他说过，“最可靠的缄默不是不说话，而是说出来”，因而，他一开始就要确信，绝对真理并不存在，所以也不可能使得自身不可能的存在变得完满。这位认知论

1 阿里阿德涅，希腊神话中的女神，她曾用小线团帮助英雄忒修斯逃出迷宫。现在用“阿里阿德涅线团”比喻解决问题的办法。

上的唐璜，有很多笔名，自相矛盾，他在写《布道词》这样的作品的同时，居然还在写犬儒主义唯灵论教材性质的《诱惑者日记》。他拒绝安慰、道德以及所有可供心灵暂且得到安宁的原则。对于他心里感到的这根刺，他想着的不是努力去平息它所带来的痛苦。相反，他唤醒了痛苦，带着十字架上受难者那种绝望的快乐和满足，一点点地，用清醒、拒绝、喜剧性缔造出了一系列魔鬼。这一张既温和又嘲讽的脸，这种回旋，随后是从灵魂深处发出的喊叫，就是荒诞的精神与超越它的现实之间的搏斗。而将克尔凯郭尔带向他那些代价昂贵的丑闻的精神历险，恰恰也是在一片混乱中开始的，同样是脱离了布景的经验，回到了最初的不和谐的状态。

在另一个完全不同的层面，亦即方法的层面，胡塞尔[1]和现象学家们用夸张的方式重建了多元的世界，他们否认理性具有先验的权力。精神世界随之得到难以估量的丰富。玫瑰花蕊，公里计数的界碑，人的手和爱、欲望或是万有引力定律具有同样的重要性。思考不再是统一，不再是使看上去以大原则面貌出现的表象变得通俗易解。思考是重

1 胡塞尔（Husserl，1859—1938），德国哲学家，现象学创始人。

新学会看，重新变得专注，对意识进行引导，就像普鲁斯特那样，将每一个念头和每一幅画面变成享有优先权的领地。但矛盾的地方在于，一切都变得具有优先权。能够为思想进行辩护的，恰恰是其极端的意识。然而，为了比克尔凯郭尔或舍斯托夫更加正面，胡塞尔开始时否定了理性的经典方法，打破了希望的幻想，为一系列丰富的现象敞开直觉和心灵的大门，而如此丰富的现象中却包含某种非人类的东西。这些道路也许能够通向一切科学，或者又无法抵达任何一门科学。也就是说，在这里，方法本身远比结局来得重要。它不是安慰，只是“为了认识而采取的一种姿态”。再说一次，至少在开始时如此。

对于这些思考之间深层的亲缘关系，我们又如何能不感受到呢！我们当然都会看到，他们选择围绕这片或那片优先的领地，不再有希望，充满苦涩。我希望的是，要么一切都能够给我解释清楚，要么就什么都不要解释。而在心灵的喊叫前，理性显得如此无力。应这种要求醒来的精神在摸索着，找到的只是矛盾和非理性。我不理解的就是没有道理的。世界到处都是这样的非理性。因为我不理解这个世界唯一的意义，这个世界就只能是一个巨大的非理性所在。哪怕就只说上一次，说“这是清楚的”，那就得救了。但是这些人争先恐后地宣称，没有什么是清楚的，一切都如此混乱，而人能够保留的就是对围绕着他的墙有清晰准确的认知。

所有这些经验都彼此验证，协调一致。抵达边界的精神应当有所判断，选择属于自己的结论。这里是自杀和答案的所在。但是我想把探索的顺序倒过来，从智慧的探险出发，再回到日常。这里列举到的经验统统诞生于绝不应当离开的荒漠。至少应该了解这些经验究竟抵达何处。就这样，凭借努力，人来到了非理性的面前。他在自己身上感受到了对幸福和理性的渴望。荒诞就诞生于此：人类的呼唤与世界非理性的沉默之间的对峙。我们不应该忘记。应该紧紧抓住它，因为生命的所有结果都可能由此而来。非理性、人类的怀念之情以及从两者之间生出的荒诞，这就是这出戏的三个人物，这出戏必然和存在可能具有的全部逻辑一起完结。

有时布景会坍塌。起床，电车，四小时待在办公室里，或者在工厂里，吃饭，然后再是电车，四小时的工作，吃饭，睡觉，周一周二周三周四周五和周六，都是同样的节奏，大多数的时间里，这条路也不会有什么问题。只是有一天，突然间就问了个“为什么”，于是，在这份惊讶所掩藏的厌倦中，一切开始了。

对于毫无光彩的生活来说，是时间支撑着我们。但是总有这样的时刻，我们必须支撑着时间。

对于人来说，理解这个世界，就是将之简化成人的世界，盖上他自己的印记。

在我对自己存在的确认与我试图描述的这份确信的内容间，存在着一条永远无法填补的鸿沟。从此之后，我永远都将是自己的陌路人。无论是在心理意义上还是在逻辑意义上，真相众多，但同时真相也并不存在。

即使我能通过科学捕捉到种种现象，并将之一一列举出来，我也并不能够就因此理解了这个世界。

哲学意义的自杀

▌ 和痛苦一起活着，继续思考，知道自己应该接受什么，拒绝什么。

荒诞的感觉并不因此就成了荒诞的概念。荒诞的感觉缔造了荒诞的概念，仅此而已。除了在短暂的瞬间，荒诞感也会对世界做出判断之外，它并不能被抽象为荒诞的概念。它还需要走得更远。荒诞的感觉是鲜活的，也就是说，要么消失，要么进一步引起反响。我们集聚的主题也是。但在这一点上也一样，我真正感兴趣的并不是通过另一种形式或者另一种范畴来批评某些作品或者思想，而是发现这些作品或者思想的结论中所包含的共同之处。或许思想从未曾像今天这般，分歧如此之大。但我们还是发现，它们开始行动的精神面貌都是一致的。同样，尽管借助的科学方式各不相同，道路到了尽头所发出的那一声叫喊却同样揪心。我们能够感觉到，我们提起的所有这些思想具有同样的氛围。如果说这氛围是致命的，这或许勉强算是文字游戏吧。在如此令人窒息的天空下生存，这要求我们，要么出局，要么留下。如果是前者，那就要知道怎么出局，如果是后者，则要知道为什么留下。我如此来定义自杀的问题，说明我们为什么会对存在哲学的结论感兴趣。

我想先暂时离开一下正题。现在，我们可以从外围来确定荒诞的界限了。然而，我们还是可以思考一下，荒诞的概念究竟明确地包含一些什么，一方面通过直接的分析来找到它的含义，另一方面则对其带来的结果有所了解。

如果我指控一个无辜的人犯下了一桩可怕的罪行，如果我跟一个恪守道德的人说他在觊觎自己的亲生姐妹，这个人一定会回应我说，太荒诞了。他的愤怒固然有可笑的地方，但也有其深层的原因。这个恪守道德的人通过他的反驳展示了在我归于他的行为与他一生的原则之间存在着终极矛盾。“太荒诞了”意味着“这根本不可能”，也意味着“这是矛盾的”。如果我看见一个人赤手空拳冲向一群机枪手，我会觉得他的行为是荒诞的。之所以说他荒诞，是因为在他的意图与等着他的实际结果之间不太相称，是因为我觉得他的实际力量与他想要实现的目标之间存在着矛盾。同样，如果某项裁决与表面上的事实所要求的裁决是相反的，我们就觉得这个裁决是荒诞的。同理，所谓荒诞的推理，就是将推理的结果与我们试图建立的逻辑事实放在一起两相比较。在所有这些情况中，从最简单的到最复杂的，我们进行比较的两项之间距离越大，荒诞性也就越大。有荒诞的婚姻、挑战、怨恨、沉默、战争，也有荒诞的和平。无论是什么，没有比较都不会有荒诞。因而我有充分理由认为，荒诞并非产生于对事实或是印象的简单审视，而是产生于对一个事实状况和另外某个现实的对比，是将行动和超越行动的世界放在一起比较产生的。荒诞本质上是一种分离。它既不会存于比较的一方，也不会存于比较的另一方。只有两方相遇，才会有荒诞产生。

而从精神方面来看，我可以说，荒诞既非归于人这一方（如果这样的类比有意义的话），也不该归于世界的一方，而是只有当两者同时出现，才会有荒诞产生。到目前为止，这是两者之间唯一的联系。倘若我愿意停留在显见的事实上，我便会知道人要什么，我也会知道世界会给人提供什么，而现在我可以说，我还知道，将两者联系在一起的是什么。我不需要挖掘得更深。对于找寻的人来说，只要确认一件事情就够了。只要从中提取出所有的结果即可。

立即能够得出的结果同时也是一种方法规则。我们昭示天下的奇特的三位一体说可不是什么新大陆。但是它和所有的经验材料具有共通之处，那就是它既出奇简单，又异常复杂。从这个角度来说，它的第一个特点就在于，它是不可拆分的。如果去掉其中一项，那就毁了全部。若是超出了人类精神的范畴，就不会有荒诞之说。因此荒诞和所有事物一样，都是随着死亡的来临终结的。但是同样，也不会有超出世界的荒诞。正是基于这一基本标准，我认为荒诞的概念是本质性的，可以代表我所有真理中的第一条。上面所说的方法规则在这里出现了。如果我判断说一件事情是真的，我就必须将它保留下来。如果我要解决某个问题，至少我不应该用这种解决去掩盖掉问题的一个方面。对于我来说，唯一的已知条件就是荒诞。问题在于知道如何从荒诞中走出来，知道能否从这荒诞中演绎出自杀的结果。我的首要探索，同时也是唯一的条件就是保留它，因而尊重我认为其中最为本质的东西，哪怕它给我带来了巨大的压力。因此，我才将之定义为一种对峙和永不停歇的斗争。

我必须承认，倘若将荒诞的逻辑一推到底，这样的斗争便意味着彻底丧失希望（和所谓的绝望完全不是一回事情），是一种持续的拒绝（我们不应该将之和放弃混为一谈），一种有意识的不满足（我们也不应该将之与青春期的焦虑混在一起）。而所有一切摧毁、回避、减少这些要求（首当其冲的是对于消除分歧的赞同）的态度则是毁了荒诞，同时也使我们可能采取的态度变得没有意义。只有我们不赞同荒诞的时候，它才是有意义的。

* * *

有一个看上去没什么道德问题的显而易见的事实，那就是人总是他的真理的猎物。真理一旦得到承认，就没有办法摆脱了。总是要付出一点代价。一个人，倘若意识到荒诞的存在，从此便再也无法摆脱它。一个没有希望并且意识到这一状况的人不再属于未来。这是秩序之内的。但是竭尽全力逃避自己创建的世界也在秩序之内。只有认清楚这个悖论，此前的一切才有意义。从这个角度上来说，现在最具教育意义的事情莫过于审视那些从对理性主义的批判出发，意识到了荒诞氛围的人是以何种方式走向结果的。

但是，如果我坚持存在主义哲学，所有存在主义哲学给出的方案都是逃离。从荒诞出发，基于理性的废墟，通过某种奇特的推理，在一个封闭的、有限的人类世界里，他们将压垮他们的东西神圣化了，在让他们一无所有的世界里，找到了希望的理由。这种强制性的希望在所有本质上具有意味的思想中都存在，值得我们停留一下。

我在这里仅以舍斯托夫和克尔凯郭尔特有的几个主题为例。但是走得太远以至于有些夸张的雅斯贝尔斯将为我们提供这种态度的范式。其余的会变得更清晰。我们看到雅斯贝尔斯在先验上无能为力，在探测深层的经验上无能为力，从而最终意识到这个被失败颠覆的世界。他会有所改善吗？或者至少从这份失败中汲取结论？他没有带来什么新的东西。除了承认自己的无能以外，除了无法推理出什么令人满意的原则这一事实之外，他在经验中什么也没有找到。但是，尽管没有加以论证，他却说出来了，抛出一句话就肯定了先验、经验的存在以及生命超人的意义，他说："在一切解释之外，在一切可能的阐释之外，失败展现的不是虚无，而是先验的存在。"这一通过人类自信的盲目行为突然解释了一切的存在，他定义为"普遍和特殊难以想象的统一"。就这样，荒诞成了神（我们尽量宽泛地来理解这个词），无法理解也就成了揭示一切的存在。逻辑上没有什么东西可以导向这种推论。我可以称之为跳跃。但是非常矛盾的地方在于，我们能够理解雅斯贝尔斯的坚持和无尽的耐心，他使得一切先验的经验都成为不可实现的东西。因为这种近似越是不为我们所掌握，定义就越是显得无效，先验因而就越加真实，因为他在肯定这一点上所投入的激情与他的解释能力和世界及经验的非理性之间的距离是成正比的。正因为用一种更加激进的方式来解释世界，雅斯贝尔斯便更加执着于摧毁理性的偏见。这位谦恭思想的使徒正是在谦恭的极致处找到了能够深刻变革存在的东西。

神秘思想使得我们对于这些手段尤为熟悉。它们和精神的任何一种态度一样是合法的。但是眼下，我还是装作是在严肃地对待某个问题吧。我不会对这种态度的普遍价值以及在教育方面的权利持有偏见，我只是想要看看它能否回应我所列出的条件，能否和让我感兴趣的冲突等量齐观。我因此回到舍斯托夫。他的一位评论者转述了他的一句很值得关注的话，他说："唯一真实的出路就在人们判断没有出路的地方。要不然，我们还要上帝干什么呢？我们之所以转向上帝，就是为了得到不可能得到的东西。至于可能得到的，只要有人类便足矣。"如果舍斯托夫哲学真的存在，我可以说，这句话便概述了其精要。舍斯托夫在充满激情的分析之后，发现了所有存在本质上的荒诞性，他没有说“这就是荒诞”，而是说“这就是上帝，我们应该信赖他，尽管他并不属于我们理性的范畴”。为了不混淆，这位俄国哲学家甚至暗示说这个上帝也可能是怀恨在心的、可憎的、无法理解的和矛盾的，但正是他极尽面目可憎之时，他展现了最大的权力。上帝的伟大之处正在于他不合逻辑。上帝的证据便是他的非人性。要向他扑过去，正是在这一跃之间，我们释放了理性的幻想。

因此，对于舍斯托夫而言，接受荒诞与荒诞本身是同步的。确认荒诞，就是接受它，而思维逻辑的一切努力就是要突然让它所包含的巨大希望绽放出来。这一态度也仍然是合法的。但是在这里，我坚持只看唯一的问题，以及这个问题所带来的全部结果。我并没有去审视某种思想或者信仰行为悲怆的一面。我还有一生的时间。我知道，一个理性主义者觉得舍斯托夫的态度很让人恼火，但是我也觉得，舍斯托夫反对理性主义者是有道理的。我只是想知道他是否忠于荒诞的指令。

然而，如果我们承认荒诞与希望是截然相反的，我们就会发现，对于舍斯托夫来说，存在的思想以荒诞为前提，但是论证荒诞恰恰是为了驱散它。这一微妙的想法只是要手腕的悲怆的迂回。当舍斯托夫从另一个角度将他的荒诞与日常道德和理性相对立的时候，他视荒诞为真相与救赎。因而，在他对荒诞的定义中，最基本的，是对于荒诞的赞同。如果我们承认这一概念的权利正是寓于它与我们的日常希望抵牾的方式之中，如果我们感觉到荒诞的存在要求我们对其不能苟同，我们就会看到，荒诞为了成为难解的同时也是令人满意的永恒，恰恰失去了它真实的面貌，失去了它人性的和相对的一面。

如果真的有荒诞，那便是在人的世界中。从荒诞的概念跳转为永恒的那一刻起，它就和人类的明智再无关系，就不再是人确认却不赞同的显见之理。我们回避了斗争。人容纳了荒诞，而在这一连接中，荒诞的本质，亦即对抗、撕裂和分离，便消失殆尽。这一跳跃是回避。舍斯托夫很愿意引述哈姆雷特的一句话，*The time is out of joint*，“时代脱节了”，他怀着一种强烈的希望写下这句话，也特别地赋予这句话以一种强烈的希望。哈姆雷特的嘴中或是莎士比亚的笔下可并没有这意味。非理性的飘飘然和狂喜的使命将明晰的精神带离了荒诞。对于舍斯托夫来说，理性是徒劳的，但在理性之外还有点什么东西。然而，对于荒诞的精神而言，理性也是徒劳的，理性之外则什么东西也没有。

这一跳跃能够有助于我们窥见荒诞的真实本质。我们知道，只有在平衡之中，荒诞才是有价值的，我们知道，它只存在于比较之中，而不是寓于用来比较的诸项之中。但是舍斯托夫恰恰是将所有的重量都放在了比较项上，就此毁了平衡。只有在我们能够理解和解释许多事情的范围内，我们想要理解的强烈欲望、我们对于绝对的怀念才是可以解释的。对理性的绝对否定是徒然的，因为理性有其行之有效的范围。而这正是人类经验的范围。因此我们想要澄清一切。我们之所以做不到，荒诞之所以借机而生，正是因为遭逢了这有效却有限的理性以及不断重生的非理性。

然而，当舍斯托夫对黑格尔诸如“太阳系运动围绕不变的法则进行，而这些法则自有其道理”这类命题甚感愤怒时，当他满怀激情地致力于拆解斯宾诺莎的唯理论时，他恰恰趋向于理性中所包含的这份虚荣。由此，他通过自然的、非法的途径回到了非理性的优越上[iv]。但是这一过渡并不明显。因为在这里，界限和计划的概念有可能介入。自然法则在某一界限之内是有效的，可一旦过了界，自然法则就会转向针对自身，此时，荒诞便产生了。再或者，它们可以在描述的层面是合理的，但并不因此在解释的层面就是真实的。这里，所有的一切都为非理性做出了牺牲，对于明晰的要求随之掩藏，荒诞也随着比较当中的一项内容而消失。但是荒诞之人正相反，他不会着手进行平衡。他承认斗争，并不决然蔑视理性，也接受非理性。因此，他的目光覆盖一切经验的材料，他不会在知晓之前就做跳跃的打算。他只是明白，在这种专注的意识中，再也没有希望的位置。

在列夫·舍斯托夫那里能感受到的，在克尔凯郭尔的笔下就更能感受到了。当然，对于这么一位不可捉摸的作者，我们很难说清楚明确的命题。不过，尽管克尔凯郭尔看上去自相矛盾，用了那么多假名，玩了那么多游戏，不乏调笑，但我们总是有一种预感（同时也担心着），真相终有一天会在他最后的作品中显露：克尔凯郭尔也完成了跳跃。童年时代的克尔凯郭尔惧怕基督教，而最终他还是回到了基督教最为严苛的面目上。对于他来说，二律背反和悖论成了宗教的标准。就这样，曾经让他对意义和生命的纵深感到绝望的东西现在却给了他真相和明晰。基督教是一种反证，而克尔凯郭尔一直以来所求的，是伊纳爵·罗耀拉[1]要求的“第三种牺牲”，也是上帝最为之兴奋的“智力

1 伊纳爵·罗耀拉（Ignace de Loyola，1491—1556），天主教耶稣会创始人，出生于西班牙。

的牺牲”[v]。跳跃的这一效果是奇怪的，但是我们不应该为之震惊。他使得荒诞成为另一个世界的标准，而另一方面，它也不过是这个世界经验的残余。克尔凯郭尔说：“在失败中，信徒赢得了他的胜利。”

我不会去想这一态度和怎样一种动人的说教联系在一起。我只是想，荒诞的场景以及它自身的特点是否能让这种态度更为合理。在这一点上，我知道并不如此。在重新对荒诞的内容有所考察之后，我们能够理解为克尔凯郭尔带来灵感的方法。在世界的非理性与对荒诞的反抗的怀念之间，他没有保持平衡。他没有尊重实际上造就了荒诞感的这种关系。他很确定自己不能逃离非理性，于是他至少要从没有结果、也不会带来什么的绝望的怀念中逃离出来。但是如果说在这一点上，他的判断是有道理的，那么，他的否定就没什么道理了。他用暴烈的赞同替代了反抗的叫喊，这就导致他忽视了一直给他带来启发的荒诞，并且神化了今后成为他唯一确信的东西，即非理性。

加利亚尼神父对艾比奈夫人（Madame D'Epinay）说，重要的不是痊愈，而是带病生存。克尔凯郭尔想要痊愈。痊愈是他狂热的愿望，是他在日记中一直流淌的字眼。他智力上的所有努力都在力图避免人类状况的这种二律背反。

正因为他从中瞥见了虚荣的光芒，这份努力才显得尤为绝望，例如，当他谈论自己的时候，听上去对上帝的敬畏、虔诚都不能给他带来安宁。如此一来，他通过不无痛苦的借口，赋予非理性以一种面貌，也把荒诞那不公正的、轻率的、难以理解的特性归咎于上帝。在他身上，只有智力在试图窒灭人内心深处的要求。正因为什么都没有得到验证，一切也都得到了验证。

克尔凯郭尔本人为我们揭示了接下来的道路。我在这里并不想暗示些什么，但是，在他的作品里，我们又怎会读不出灵魂在面对大家几乎一致赞同的荒诞的残缺时，几乎可以说是有意识的残缺的痕迹呢？这正是《日记》的主旋律。“我缺乏的，正是兽性，但兽性也是人类注定的命运的一部分……但是，给我一具身体吧。”接着他写道：“哦！尤其是在我很年轻的时候，为了成为一个男人，哪怕是六个月，我什么也没有做……而我缺的，正是身体，以及存在的身体条件。”在别的地方，同样的男人发出希望的高声呼唤，完全把这呼唤当成自己由衷的呼唤，这呼唤穿越了那么多个世纪，激荡了那么多颗心灵，只是不曾激荡荒诞之人的心灵。“但是对于基督徒来说，死亡远不是一切的终结，它会唤起无穷的希望，远比生活给予我们的要多的希望，哪怕是一种非常健康、充满力量的生活也不曾给予我们那么多希望。”通过这种不甚光彩的事情做出妥协，究竟也还是妥协。也许，就像我们看到的那样，妥协可以从它的对立面，亦即死亡中得到希望。但即便同情使得我们趋向于这种态度，我们也必须说，过度并不能为此做出辩护。我们可以说，这已经超出了人类的尺度，因此这是超人的。但是这个“因此”也是多余的。在这里没有逻辑的确认，同样也没有实验的可能。我所能说的，就是这已经超出了我的尺度。即使不会直接导致我的否定，至少我不想把任何东西建立在不可理解之上。我想知道的是，是否有了我理解的，而且仅仅靠我理解的东西，我就能够生活下去。

人们还说，在这里，智力必须牺牲自己的骄傲，理性也应该有所屈服。但是如果我承认理性的界限，我却并不因此而否定它，相反我会承认它相对的权力。我只是想站在这条中间道路，在这条道路上，智力可以依然明晰。如果说这就是智力的骄傲，我不认为有什么理由要让我放弃它。比如说，克尔凯郭尔认为，绝望不是一个事实，而是一种状态，甚至是原罪的状态，再也没有比这种看法更为深刻的了。因为所谓原罪，就是远离上帝。荒诞是人有意识的一种形而上的状态，不会指引人走向上帝。[vi] 也许，如果我拿这一骇人听闻的说法去冒险，即宣称荒诞是没有上帝的原罪，这个概念可以变得更加清晰一点。

对于这一荒诞的状态，关键在于活于其间。我知道它建立在什么之上，互相扶持的精神和世界无法彼此拥抱。我希望这种状态下的生活也有它的准则，但是人们给出的建议却忽视了问题的基础，对于痛苦抵抗的两端中的一端进行否定，要求我放弃。我要求我承认的这种状况应该为我带来的结果，我知道这种状况中包含着黑暗和无知，但人们却向我保证说，无知可以解释一切，而黑暗就是我的光明。但是人们没有回应我的初衷，而令人心情激荡的抒情也没能为我掩盖住矛盾。因而我必须转身走开。克尔凯郭尔可以叫喊，发出警告："如果人不具有永恒的意识，如果，在所有事物的内部，就只有野蛮的、激奋的力量能够生出万物，伟大的或微不足道的，都陷在这晦暗的激情的漩涡中，如果没有核心，没有任何东西能够填满的空虚暗藏在这些事物底下，并且这就是生活，那么除了绝望，还有什么？"但这一叫喊并不能够阻止荒诞之人。找寻真实的东西并不意味着找寻希望得到的东西。如果是为了逃避这一让人恐慌的问题，"生活将会是什么"，那还不如像一头驴子那样依靠虚幻的玫瑰花而生；荒诞的精神情愿采纳克尔凯郭尔的答案，即“绝望”，不会有一丝一毫的颤抖。在仔细斟酌了一切之后，一颗坚定的灵魂总会找到办法。

* * *

在这里，我给予自己这样的权利，即把哲学意义的自杀称为存在主义的态度。但是这样做并不包含某种判断在里面。指出某种思想如何自我否定，又是如何在否定中自我超越的，这应该是一种恰切的方式。对于存在主义者来说，否定就是他们的上帝。更加确切地说，这个上帝只有通过对人类理性的否定才能撑得下去[vii]。但是就像自杀一样，神也随着人的变化而变化。有很多种跳跃的方式，关键就只在于跳跃。这些救赎性质的否定，这些用来否定我们尚未跳跃的障碍的最终的自相矛盾，它们既可能（这正是该推理所瞄准的矛盾）来源于宗教的灵感，也可能来源于理性的范畴。它们永远在追求永恒，也正是基于这一点才完成了跳跃。

还是需要再强调一下这一点。本文的推理完全不顾在我们最光彩的这个世纪传播得最为广泛的精神态度：建立在一切皆理性的原则之上和要给世界万物一个解释的态度。我们既然认为世界是明确的，自然就要给出一个明确的看法。我们甚至可以说这个要求是合理的，只是我们在这里的推理对此不太感兴趣罢了。本文的目的在于，从一种世界的无意义论出发，澄清精神的方法，从而为世界找寻到一种意义和深度。诸多方法中最为悲怆的，究其本质来说是宗教性质的，因为它是在非理性的主题中得到展现的。但是最有悖常理的同时也是最有意思的方法，则是把推理性的理由赋予这个原本想象中没有主要原则的世界。如果还没有形成获取这种怀旧性精神的新想法，我们无论如何也不能够回到我们感兴趣的结果上去。

我们只是来考察一下“意向”（intention）这个主题，胡塞尔和现象学家们让这个主题变得很时髦。其实，前文已经有所暗示。胡塞尔的方法首先否认了传统的理性过程。我们不妨重复一下。思考不是整合，不是使看上去以大原则面貌出现的表象变得通俗易解。思考是重新学会看，引导意识，将每一幅画面变成享有优先权的领地。换句话说，现象学拒绝解释世界，它只想对于经验进行描述。从其初衷而言，它认为没有唯一真相，只有众多的真相，在这点上，它与荒诞思想是一致的。从晚上的风到搭在我肩头的这只手，每一事物都自有其真相。是人的意识凝思聚神，使得真相变得明晰起来。意识并不锻造其认识之对象，它只是凝视，是注意力的行为，如果我们采纳柏格森的说法，它就像投影机，突然间专注于一幅画面。差别只是在于此处没有脚本，只有连续不断的、不合逻辑的展现。在这神奇的幻灯下，所有的图像都具有优先权。意识在经验中搁置了它关注的对象。通过这一幻境，它将对象单独分离出去，从此置于判断之外。正是这一“意向”成了意识的特点。但是，“意向”这个词并没有包含任何目的性的想法在里面，它只是方向性的：只具有地形测量意义的价值。

乍一看，似乎这里没有什么是和荒诞精神对着来的。这一思想表面上似乎非常谦虚，仅限于描述它拒绝解释的，坚守纪律，却不无矛盾地使得人类的经验得到极大丰富，使得世界在烦琐中得到重生，而这，正是荒诞的手段。至少乍一看如此。因为思想的方法，在此情境中和在别的情境中一样，具有两种面貌，一种是心理的，另一种是形而上的[viii]。通过这两种面貌，它们便具有两种真相。如果说，意向性这一主题只是想说明一种心理的态度，在这种态度中，事实非但没有得到解释，反而被耗尽，因而心理的态度根本无法使得事实脱离荒诞的精神。它的目标只在于清点不能够超越的东西。它只是宣称，即便缺乏统一的原则，思想还是能够自得其乐地描述和理解经验的各种面貌。对于其中的任何一种面貌来说，这里所关系到的真相都属于心理的范畴。这只是证明了现实可能提供的“好处”，是一种唤醒沉睡的世界的方式，使得它在精神中得到激活。但是，如果我们想要拓展，并且将这一真相的概念建立在理性的基础上，如果我们想要因此发现每一认知对象的“本质”，我们就重建了经验的深刻性。对于荒诞的精神来说，这是难以理解的。然而，正是这种从谦逊到确信之间的平衡对于意向性的态度来说尤其重要，而这一现象学思想却比其他的一切都更好地解释了荒诞的推理。

胡塞尔所讲的意向之说也会谈到“超越时间的本质”，这也是我们认为柏拉图所说的东西。我们不可能只通过一件事情来解释所有的事情，而是有多少事情，就有多少解释。我不认为其中存在什么差别。当然，这些所谓的思想，或者意识在描述之后所“着力实现”的本质，我们也不希望它们成为典范。但我们可以肯定的是，它们在感觉的所有材料中都出现了。因此没有什么唯一的、能够解释一切的思想，而是无穷的本质赋予无穷事物以意义。世界停下，但变得清晰起来。柏拉图式的现实主义变成了直觉性质的，但仍然属于现实主义的范围。克尔凯郭尔沉溺于他的上帝，巴门尼德将其思想凝于“一”，但在现象学这里，思想进入了抽象的多神论。更好的表述是，虚幻和虚构也是“超越时间的本质”的一部分。在思想的新世界，半人马与更为谦逊的大主教携起了手。

如果说，世界的所有面貌都具有优先权，这一纯粹心理的看法对于荒诞之人而言，既是真理，同时也不乏苦涩。一切都具有优先权就意味着一切都是相同的。但是这一真相的形而上的一面将荒诞之人带得如此之远，以至于几乎出于本能的反应，他觉得自己也许离柏拉图更近一些。的确，人们教导他说，所有的想象同样假设具有优先权。在这没有等级的理想状态里，形式上的军队就只由将军组成。也许先验被排除了，但是思想的突然转折重新将碎片化的内在引入了世界，重置了世界的深度。

我应该担心吗？因为我将一个开始时创建者们谨慎对待的主题带得太远？我只是在重复胡塞尔的这些表面上自相矛盾、实际上逻辑严谨的判断，并假设你们能够接受他的前提，亦即“真的东西都是绝对意义上的真，是其内在的真；真是唯一；与自身相符，无论感受它的存在是谁，是人，是鬼，是天使还是神”。理性取得了胜利，通过这样的声音吹响了号角，我无法否认。在荒诞世界，他的判断意味着什么呢？究竟是天使还是神的感受，对我来说毫无意义。理性对我的判断做出了肯定，但我对这几何之地始终不能理解。就是在这一点上，我又识破了他的跳跃，为了进入抽象，对于我来说，这还意味着要忘记我不愿意忘记的东西。后来胡塞尔叫喊道：“如果所有服从于引力的质量都消失了，那么这并不意味着破坏了引力规则，只是引力规则没有了可能的运用而已。”我知道，我面对的是慰藉的形而上。而如果我想要发现究竟是在怎样的转折处，大道偏离了原本显见的方向，我只需要重新读一下胡塞尔在谈到精神的时候进行的推理过程即可：“如果我们能够清楚地看到心理机制的准则，这些准则会显示出是永恒不变的，就像自然科学的基础理论规则一样。因此，即便没有任何心理过程的真正展开，它们也会是有效的。”即便精神是无效的，它的规则也会是有效的！于是我明白了，胡塞尔想要从心理的真相中发展出理性的规则来：在否定了人类理性整体性的权力之后，他通过这一媒介跳入了永恒**理性**。

对于胡塞尔所谓“具体宇宙”（univers concret）的主题，我丝毫不觉得吃惊。并非所有的本质都是形式的，也有物质的，前者是逻辑的研究对象，后者是科学的研究对象，说这些不过是定义的问题罢了。有人说，抽象只是通过自身来指认具体宇宙不那么稳定的一部分。但是前面提到的摇摆也让我意识到这些术语有多么模糊。因为这也意味着，我专注的具体事物，例如这天空，例如水在我大衣下摆的反光，只有我意识分离出来的这些东西才能享有真实的魔力。我当然不会否定这一点。但是承认这一点，也意味着大衣本身就是普遍的，也具有特殊的、足够的本质，属于形式的世界。于是我明白，只是事物的顺序得到了改变。这个世界不再反射到上一层级的世界，而是形式的天空出现在大地上的众多形象中。对于我来说，什么都没有改变。我在这里找到的不是对具体的趣味，也不是人类状况的意义，而是试图使具体事物得到普遍化的恣意的理性至上。

* * *

我们吃惊地看到——尽管再吃惊也没用——两条截然相反的道路，一条是谦卑的理性，一条是扬扬自得的理性，都导向了对于思想自身的否定，这似乎不无矛盾。从胡塞尔抽象的上帝到克尔凯郭尔笔下闪闪发光的上帝，距离并不那么遥远。理性和非理性导向的都是同一类说教。事实上，道路并不重要，有想要抵达的愿望足矣。抽象的哲学家和宗教哲学家从同样的慌乱出发，在同样的恐惧中得到肯定。但是关键是解释。在这里，怀念要比科学更重要。有意思的是，时代的思想一方面最是浸淫在无意义的哲学之中，可同时，又是最为其结论感到痛苦的。一端是现实的极端理性，它将理性分割成不同的理性类型，另一端则是试图将现实神圣化的非理性，时代思想一直在两个极端之间摇摆。但是两端的分裂只是表面的。对于两端而言，通过跳跃能实现彼此的妥协。我们一直觉得理性概念的意义是唯一的，但是我们错了。实际上，无论它野心勃勃地想要多么严谨，这一概念的灵活程度并不亚于别的概念。理性有着人类的面孔，但是它也知道如何转向神圣。普罗提诺[1]是第一个知道如何使得理性与永恒的氛围和谐一致的人。自此，理性学会了离开它最珍贵的原则，即矛盾的原则，以便让最为奇特的、具有魔力的参与原则[ix]容纳下它。理性成为思想的工具，而不再是思想本身。人的思想首先

1　普罗提诺（Plotin，204—270），古罗马哲学家、美学家。

是怀念。

就像理性能够平息普罗提诺的忧伤一样，它也为现代人的恐惧提供了平静下来的手段，以使我们回到熟悉的永恒氛围中。荒诞精神则不那么幸运。因此，世界对于荒诞精神来说，既不是理性的，也不是非理性的。不讲理性，唯此而已。胡塞尔的理性最终是没有边界的。但是荒诞相反，它有边界，因为它无法平息恐惧。克尔凯郭尔从另一个方面认定，界限一旦出现就足以否定理性。但是荒诞并不会走得那么远。对于荒诞而言，界限瞄准的不过是理性的野心。非理性的主题，正如存在主义者所想的那样，是混乱的理性，是在自我否定中得到释放。荒诞，是观察着自身极限的清醒的理性。

荒诞之人正是在这条艰难的道路上走到尽头，才认出了自己真正的理性。通过比较内心深处的要求和人们强加于他的要求，他突然感到自己要转过身去。在胡塞尔的宇宙里，世界清晰起来，然而内心深处想要回到熟悉的环境其实没有什么用了。而在克尔凯郭尔的世界末日里，如果想要得到满足，则不得不放弃对明晰的要求。原罪不在于知晓（从这个意义上来说，所有人都是无辜的），而在于对知晓的欲望。的确，这是荒诞之人能感觉到的唯一原罪，这种原罪既为他带来了罪恶感，也让他明白，自己是无辜的。人们对他说，解决的方式就是告诉自己，过去的矛盾不过是论战的游戏。但是荒诞之人感觉到的却不是这样。真相在于这些矛盾根本不可能得到满意的解决，他必须保有这个真相。他不愿意说教。

我的推理过程正是想要尽量忠实于让荒诞之人清醒过来的显见的事实。这一显见的事实就是荒诞。这是欲望的精神与使之失望的世界之间的分离，是我对统一的怀念，是零落的世界与将之串联起来的矛盾。克尔凯郭尔消除了我的怀念，而胡塞尔整合了世界。我期待的却不是这个。而是和痛苦一起活着，继续思考，知道自己应该接受什么，拒绝什么。不应该将显见的事实遮盖起来，通过否定等式当中的一个项来取消荒诞的问题。应该知道我们是否能够经受得住荒诞，或是逻辑是否要求我们因荒诞而死。我对哲学意义上的自杀并不感兴趣，我感兴趣的只是自杀本身。我只是想要去除自杀中的情感成分，认识它的逻辑所在和实诚所在。对于荒诞的精神来说，其他的立场都意味着精神在其昭示的事实面前，有可能让步或是作弊。胡塞尔说要尽量避免“在已经熟悉的、感到舒适的生存条件下生活和思考的痼习”，但是他最后的跳跃又回到了永恒以及舒适中。跳跃并不意味着克尔凯郭尔向往的极端危险。恰恰相反，危险存于跳跃之前的微妙时刻。懂得如何站立在令人眩晕的山脊边，这才是实诚，其他的一切都是遁词。我也知道，要不是克尔凯郭尔，无力永远不可能引出如此动人的和谐。但是如果说在历史种种无关紧要的风景中，无力有其一席之地，它却有可能并不知道如何在推论之中找到历史，而我们现在已经知道，对于这样的推论，究竟要求的是什么。

荒诞并非产生于对事实或是印象的简单审视，而是产生于对一个事实状况和另外某个现实的对比，是将行动和超越行动的世界放在一起比较产生的。荒诞本质上是一种分离。

一个人，倘若意识到荒诞的存在，从此后便再也无法摆脱它。

我想知道的是，是否有了我理解的，而且仅仅靠我理解的东西，我就能够生活下去。

从一种世界的无意义论出发，澄清精神的方法，从而为世界找寻到一种意义和深度。

我们一直觉得理性概念的意义是唯一的，但是我们错了。实际上，无论它野心勃勃地想要多么严谨，这一概念的灵活程度并不亚于别的概念。理性有着人类的面孔，但是它也知道如何转向神圣。

荒诞，是观察着自身极限的清醒的理性。

荒诞的自由

> 知道我们是否能够义无反顾地生活，这是我感兴趣的全部所在。

现在，主要的问题已经清楚了。我掌握着若干我无法摆脱的显见事实。我知道些什么，确定的是什么，不能否定的是什么，不能抛弃的是什么，这些都非常重要。我可以否定掉揣着模糊的怀旧想法的这部分自我，但是我无法否定掉自己对统一的向往，不能否定掉自己对于解决问题的欲望、对于明晰与和谐的要求。在这包围着我、冲撞着我或是让我激动的世界中，我能够驳斥一切，可我无法驳斥这混沌，无法驳斥偶然之王以及从无秩序中产生的神圣的等值项。我不知道这个世界是否存在超越其本身的意义。但是我知道，对于这意义，我并不了解，目前也不可能了解。如果这意义在我的生存条件之外，它对我又有什么意义可言呢？我只能以人的语汇来了解它。我触摸到的，对我产生抵抗的，这就是我所理解的。而我还知道，我根本不可能调和这两件事实，一面是我对于绝对和统一的渴望，另一面是世界不可能还原为可推理的、理性的原则。除此之外，还有什么是我不需要撒谎、不需要借助并不存在的同时就我的生存条件而言毫无意义的希望就可以承认的真相呢？

如果我是众多的树中的一棵，如果我是众多动物中的一只猫，这生命也许就有了意义，或者，这个问题就不复存在，因为我就是这个世界的一部分。**我可能就是这个世界，**而现在，因为我的意识，因为我对熟悉的要求，我与这个世界是对立的。正是这一可笑的理由将我和一切创造活动对立起来。可我又不能一笔抹杀。我认为真的东西，我应该把握住。对我而言显而易见的东西，哪怕和我对着来，我也必须支持。如果不是我的意识，那又究竟是什么，造成了世界与我的精神之间的这种冲突和分裂呢？而如果要把握住这种冲突和分裂，我就必须通过永恒的、不断重塑的、总是绷紧了的意识。而眼下，这正是我应该牢记的。眼下，荒诞是如此显而易见，却又如此难以征服，它回到了人的生活中，找到了它所寄身的家园。也是在眼下，精神可能会离开试图知晓这一切的努力，因为这是一条险峻、枯燥的道路。如今，荒诞汇入了日常生活。它重新寻回了不具名的“我们”的世界，但是从今以后，人带着反抗、带着清醒回到了这里。他没有学会希望。现时的地狱成了荒诞之人的王国。所有的问题都亮出了刀锋。抽象的显而易见在形式与色彩的抒情主义面前望而却步。精神上的冲突都有了具体的表现，重新回到可悲与美妙的内心世界躲了起来。一切都没有得到解决，但是都变美了。我们是不是会死，会通过跳跃加以回避，会通过自己的方式建一座思想或形式之屋？抑或反过来，我们会支持痛苦而美妙的荒诞？从这个角度上来说，我们再做最后一次努力，得出我们的结论吧。身体，温情，创造，行动，人类的高贵，让我们在这错乱的世界里重新找到它们的位置。人类终于在这里找到了荒诞之酒，冷漠之粮，也从中成就了自己的伟大。

让我们重申一下方法：就是坚持。在这条道路的某一点上，人受到了撩拨。历史从来不缺宗教、预言家，即便没有神也一样。我们要求荒诞之人跳过去。他能够回应的，就是他不能很好地理解，这一切并不显而易见。他只能做他能够理解的事情。人们肯定地告诉他，这是骄傲的原罪在作祟，但是他不理解原罪的概念；人们还说也许道路尽头就是地狱，但是他没有足够的想象力去呈现这怪异的未来；人们向他保证，他会失去永恒的生命，可他觉得无关紧要。人们想要让他认罪。他觉得自己是无辜的。事实上，他只能体会到这一点，即他无可挽回的无辜。正是这一点使他无所不能。因此，他对自己的要求，就是只凭自己知道的生活，让自己适应原本如此的事情，不求助于任何不确定的东西。人们回应他说，没有任何东西是确定的。但至少，没有任何东西是确定的这点本身可以确定。他打交道的就是这一点：他想要知道是否不求助，也一样可以生活。

* * *

现在我能够谈论自杀的概念了。我们已经能够感觉到，我们能给出什么样的答案。在这一点上，问题被倒置了。以前，是要知道生命是否有意义，值得我们活过。而此时，恰恰相反，正是因为生命很可能没有意义，它才值得更好地活过。经历某一种经验，经历命运，就是充分地接受它。但是倘若不竭尽全力，充分掌握通过意识显现出来的这份荒诞，我们就无法经历这我们已知是荒诞的命运。否定荒诞赖以生存的对立的两项中的一项，就是逃避它。废除意识的反抗，也是在回避问题。永恒的反抗这一主题由此也转变成了个人的经验。活着，就是经历荒诞。而经历荒诞，首先就是直视它。和欧律狄刻[1]相反，只有在人们背过身去之时，荒诞才会死去。因此，唯一与荒诞和谐的哲学态度是反抗。反抗，是人与其自身的黑暗之间永恒的对峙。它对世界的每分每秒都提出质疑。它是对于不可能达到的明晰的要求。正如危险为人提供了不可替代的反抗的机会一般，形而上的反抗拓展了人对于其正经历的事情的意识。它是人自身的不变的存在。反抗不是向往，不是希望。反抗只是对压迫我们的命运的确认，而不是陪伴命运的顺从。

在这里，我们可以发现，荒诞的经验是在何等程度上远离了自杀。我们可能相信，反抗之后会是自杀。但是我们错了。因为这里并没有逻辑的必然性。从自杀所赞同的东西来说，恰恰相反。自杀仿若跳跃，是对于界限的接受。一切都已耗费殆尽，人回到了他最为本质的历史里。他的

1 欧律狄刻，希腊神话中俄耳甫斯的妻子。欧律狄刻被毒蛇夺取了性命，俄耳甫斯前往冥府去救她。冥王答应让他带回妻子，但有个条件，在返回的路上，他不能回头看欧律狄刻。结果俄耳甫斯在回程中忍不住回头看了一眼，导致妻子再一次死去。

未来，他唯一而可怕的未来，他已经辨识清楚，迫不及待地冲了过去。自杀以自己的方式解决了荒诞。它将荒诞拖入了同一个死亡。但是我知道，荒诞其实是不能够得到解决的，它要坚持住。它会逃避自杀，因为它意识到死亡的存在，同时又拒绝死亡。荒诞就是在被判死亡的人的最后时刻，他所发现的，位于几米开外的那根鞋带，就在那令人眩晕的坠落的边缘，而除了这根鞋带，他什么也看不见。自杀者的反面，确切地说，就是被判死亡的人。

反抗将自身的价值交付给生命。它铺陈在生存的整个儿长度上，重新树立了生存的伟大。对于一个眼界宽阔的人来说，最为美妙的场景莫过于智识与超越它的现实之间的搏斗。人类骄傲的场景是无与伦比的。一切对于价值的贬低变得毫无意义。精神加诸自身的这份自律，这种纯粹虚构的意愿，这种面对面里有着某种强烈而特殊的东西。非人性已经将现实变作人类的伟大，因此，让现实变得贫瘠，就是让人变得贫瘠。于是我明白了，为什么一切试图对自我做出解释的理论都会同时使我变得羸弱。这些理论会卸下我自身生命的重量，我必须独自承载它。在这样的转折点，我只能想象一种怀疑一切的形而上学会攀附上放弃的道德。

意识与反抗都是拒绝，它们与放弃是相反的。人的内心中一切无法克服、充满激情的东西都会在生命的背面点燃它们。因此这更是毫不妥协地去死，而不是心甘情愿地去死。自杀是一种无知。荒诞之人只能将一切耗费殆尽，耗尽自我。荒诞是他最为极端的张力，是他凭一己之力一直握在手中的东西，因为他知道，正是在这日复一日的意识与反抗中，他证明了唯一的真实，那就是挑战。挑战是一个重要的后果。

* * *

如果我一直保持着这种前后一致的态度，即从一个明显的概念中得出一切可能的结果，我又会面临第二个悖论。为了忠于这种方法，我就得抛开形而上的自由这一问题。我对人是否自由不感兴趣。我只能体验到自己的自由。就这一点而言，我无法拥有普适的概念，但是我有些清晰的看法。所谓“自由本身”(la liberté en soi)，这一问题并无意义。因为自由的问题与上帝的问题是以完全不同的方式联系在一起的。要知道人是否自由，我们就得知道人是否有个主人。这一问题的特别荒诞之处在于，使得自由问题成立的概念恰恰也剥夺了该问题的所有价值。因为在上帝面前，与其探讨自由的问题，毋宁探讨恶的问题。我们都知道，这是二选一的事情：要么我们不是自由的，那么无所不能的上帝对恶负责；要么我们是自由的，我们对自己负责，那上帝就不是无所不能的。对这尖锐的矛盾，无论多么精妙的学派，都既不能对其增添一分，亦不能对其减去一分。

这就是为什么，我不能迷失在对一个概念的兴奋或者简单定义中，这样的概念一旦超出了我个人经验的范畴，便失去了它的意义。我不能理解或许高于我的存在所给我的自由意味着什么。我失去了层级的意识。我所谓的自由，只能是在想象囚犯，或是位于国家之中的现代个体时才成立。我所知道的唯一的自由，就是精神与行动的自由。然而，如果说荒诞废除了我拥有永恒自由的机会，它却反过来激发了我行动的自由。它对希望和未来的剥夺反而增加了人的自主性。

在遭遇荒诞之前，日常生活中的人抱着某些目的在生活，担忧未来，或者想着要证明自身（究竟是向别人或是别的什么事物来证明，这无关紧要）。他评估自己的机会，把赌注押在以后，押在退休或是儿子的工作上。他相信生活中的某些东西是会朝着某个方向去的。确实，他行动起来权当自己是自由的，尽管所有的事实都表明这份自由并不存在。在荒诞之后，一切都被动摇了。这种“我是”的想法，仿佛一切皆有意义的行动方式（尽管我有时会说什么都没有意义），这一切都遭到揭示了死亡可能的荒诞的否定，以一种令人头晕目眩的方式。预想明天，为自我确立目标，具有某些倾向性，这一切是以我们相信自由为前提的，尽管我们确信有时的确感受不到自由的存在。但是在这一刻，我很清楚，这一超乎其上的自由，这一仅凭自身便能构建真理的存在的自由并不真实。死亡就在那里，这才是唯一的现实。死亡之后，一切都已经注定。我不再能够自由地永续，我是奴隶，更是一个没有永恒抗争的希望的奴隶，也无法求助于蔑视一切的态度。没有抗争，没有蔑视，又怎么可能继续做一个奴隶呢？失去了永恒的保证，什么样的自由能够在真正意义上存在呢？

但是同时，荒诞之人也明白，直到此时，他都与建立在他赖以生存的幻想之上的自由公设联系在一起。在某种意义上，这会束缚他。如果为生活设想一个目标，他就会尊崇达到目标的要求，成为自由的奴隶。因此，除了按照我准备成为的一个家庭之父（或是工程师，或是人民领袖，或是邮电局的编外雇员）的要求去行动之外，我就不知道该如何是好了。我相信我更应该选择成为这个而不是另外的什么。我相信，但这个相信是无意识的。可同时，面对我周围人的信仰，或是我所处的环境大家都持有的偏见（其他人如此相信他们是自由的，而且这份好心情很容易传染！），我也坚持我的假设。即便我们能够远远避开所有偏见，道德的，社会的，我们总会承受一部分，甚至，为了其中最好的那部分偏见（偏见有好有坏），我们会努力让自己的生活对此有所适应。因此，荒诞之人明白，他从来都不是真正自由的。说得再明确一些，只要我还有所希望，只要我还在为只属于我自己的真理——以存在或者创造的方式——感到不安，只要我还在安排自己的生活，并且通过这个来证明我已经接受的生活是有意义的，我就为自己建造了收紧生活的藩篱。我就像那么多精神和心灵的公务员一样行事，他们只能让我感到厌恶，除了认真对待人的自由的问题以外——现在我瞧得很清楚了——他们什么也没做。

荒诞在这一点上启发了我：明天是没有的。从今往后，这将是我最为深层的自由的理由。在这里我会做两个比较。

神秘主义者发现了可以赋予自己的一种自由，即沉浸在他们的神中，默许神的规则，这样他们也就秘密地成为同样的自由之人。正是在默许的、发自内心的奴役中，他们找到了深层的独立。但这自由又究竟意味着什么？我们尤其可以说，他们面对自身，**感到**自己是自由的，但是又不像被解放时那样自由。同样，荒诞之人完全转向死亡时（死亡在这里被看作是最为明显的荒诞），他会觉得自己挣脱了一切，就只有完全的、在他身上沉淀下来的、满怀激情的专注。面对公共规则，他体味到一种自由。我们可以发现，存在主义的出发命题还是有价值的。回到意识，逃离日常的昏昏欲睡，这是荒诞的自由的第一步。但是存在主义的**说教**是我们瞄准的对象，这种精神的跳跃说到底是在逃避意识。同样（这也是我的第二个比较），古代的奴隶并不属于自己，但他们能够体会到不需要对自己负责任的自由[x]。死亡有一双高贵的、镇压的手，但它也让人得到了释放。

沉陷在无比的确认中，从今往后，成为自己生活的陌生人，从而增加它的厚度，不再用情人盲目的眼光去看待它，这才是解放的根本原则。这一新的独立是有期限的，和所有行动的**自由**一样。它不能支取永恒的支票。但是它替代了对自由的幻想，这些幻想统统止步于死亡。只有真正被判处死刑的人才具有神圣的不可约束性，一缕微不足道的曙光打开了牢房的大门，除了生命、死亡和荒诞的纯净火花，他对一切都无所谓，这简直让人难以置信。在此刻，我们能够感觉到，这是唯一理性的自由的原则：一颗人类的心能够感受到的、能够经历的自由。这是第二个后果。荒诞之人因而瞥见了一个灼热却又冰冷的世界，透明，有限，没有任何可能性，但是一切都呈现在眼前，穿过界限，就是坍塌与虚无。于是他可以决定，接受在这样一个世界里继续活下去，从中汲取力量，拒绝希望，从中得到无所慰藉的生活的有力证明。

* * *

但是在这样的世界里生活又意味着什么呢？在此刻，只能是漠视未来以及燃尽眼下一切的激情。相信生命的意义意味着价值是有层级的，意味着我们需要选择，需要有倾向性。而相信荒诞，根据我们的定义，则正相反。但我们应该就此打住。

知道我们是否能够义无反顾地生活，这是我感兴趣的全部所在。我并不想跳出这一领地。生活的这张面孔既然给了我，我是否就要将就？然而，面对这一特别的担忧，相信荒诞意味着重新回到用经验的量代替经验的质上。如果我说服自己，生活除了它荒诞的一面再无其他，如果我能够在有意识的反抗与意识试图挣脱的黑暗之间永恒的对立中取得平衡，如果我接受，我的自由只有相对于它受限的命运而言才是有意义的，那么我应该说，真正重要的并不在于如何活得更好，而是在于尽可能地去经历。我不需要问自己，我经历的这些是不是粗俗的，或是让我恶心的，是否优雅，是否令人惋惜。于是所有的价值评判在此刻都被排除了，取而代之的是事实判断。我只需要从我可见的事物中提取结论，不需要在假设上碰运气。假设这样生活不够真诚，那么，真正的真诚却要求我不那么真诚。

尽可能地去经历，从广义而言，这条生活准则还说明不了什么。必须更加确切一点。首先，我们似乎还没有很好地挖掘量这个概念。因为这一概念覆盖了大部分人类经验。一个人的道德，其价值层级只有从他所累积的经验的量和种类来看是有意义的。然而，现代生活强加给大多数人的是同样多的经验，从而也是同样深刻的经验。当然，我们也必须将个体与生俱来的东西考虑进去，即他所被“赋予”的。但是我无法对此做出判断，我的原则在这里同样是只解决眼下显而易见的。于是我发现，公共道德的根本特性与其说在于我们所想象的、激活它的原则的重要性，毋宁说在我们可以按大小分类的经验的准则中。稍微勉强一点说，希腊人有他们的娱乐规则，就像我们的八小时工作制一样。但是有很多人，而且是最为悲惨的人，让我们预感到，更为长久的经验正在使得这张价值表发生变化。他们让我们能够想象到，原本日常的偶然，通过经验的量或许就能够打破所有的纪录（我故意用这个体育术语），并由此确立自己的道德[xi]。不过我们还是不要那么浪漫主义，仅仅是思考一下，如果一个人决定参与，并且严格观察他所认为的游戏规则又意味着什么。

打破所有的纪录，这首先并且唯独意味着要尽可能多地面对这个世界。如此一来，又怎么可能不矛盾重重，不经历文字游戏呢？因为荒诞一方面告诉我们，所有的经验都是无关紧要的，而另一方面，它又迈向尽可能多的经验。如何才能不像我上文中提到的那些人一般，选择能够尽可能为我们带来这种人的材料的生活形式，并由此引入我们在另一方面本打算抛弃的价值层级呢？

但又是荒诞和它矛盾的生活教会了我们。因为倘若我们以为，经验的量取决于我们生活的环境，那就错了，经验的量只取决于我们自身。在这点上我们必须简单一些。两个活了同样年岁的人，世界所给出的经验的量是一样的。关键是我们意识到这些经验。感受生活，反抗，自由，尽可能地感受，这就是生活，尽可能地生活。只要我们够清醒，价值层级就变得无效。我们还可以再简单一点。我们可以说，唯一的障碍、唯一“无法赢取”的东西就是过早来临的死亡。我们这里所提到的世界的对立面、生活永远的特例就是死亡。因此，在荒诞之人（即便他希望如此）看来，任何深刻的东西，任何情感、激情、牺牲，都不能将四十年有意识的生命与六十年的清醒放在同一个平面上等量齐观[xii]。疯狂和死亡都是无法补救的。人没有选择。荒诞与它所包含的生命的增益**并不取决于人的意愿，**而是取决于它的对立面，即死亡[xiii]。仔细斟酌，可以说，这只是运气的问题。必须学会赞同这一点。二十年的生命和二十年的经验从此后再也无法互相取代。

非常奇怪，对于一个经验老到的民族来说，不合逻辑的是，希腊人希望年纪轻轻就已逝去的人也能够得到神的眷顾。如果我们愿意承认，进入诸神的荒唐世界，等于永远失去最为纯粹的快乐，即再也无法感受，无法在这大地之上有所感受，那希腊人的这一说法才得以成立。在一颗不断有所意识的灵魂面前，现时，以及对于现时的继续就是荒诞之人的理想。不过所谓的理想，在这里可能保留了它不太合适的词语色彩。这甚至不是荒诞之人的使命，而是其推理的第三个结果。从非人的、带有恐惧的意识出发，对于荒诞的思考在绕过一圈之后，回到了人类热烈的反抗之火上[xiv]。

* * *

于是，我从荒诞之中得到了三个结果：我的反抗、我的自由和我的激情。我就只是通过意识的游戏，将死亡的邀约转化为了生命的准则——并且我拒绝自杀。我也许知道这些日子以来，仍然回响着的沉闷的声音。但是对此我只有一句话好说：这声音是必要的。当尼采写下“显然，天上和地下最重要的事情就是长时间的**服从**，并且是在同样的方向上：久而久之，就会产生出对我而言值得在这世上生活的东西，哪怕不无痛苦，例如美德、艺术、音乐、舞蹈、理性、精神，某种可以改变事物面貌的东西，某种精致的、疯狂的或是神圣的东西”，他是在展示一种极具气度的道德准则。但是他也指出了荒诞之人的道路。服从火焰，这既是极为简单的事情，又是极为困难的事情。然而，对于人来说，只有和困难较劲，他才能知道自己是什么样的，这倒也不坏。这一点只有荒诞之人可以做到。

“祈祷，”阿兰[1]说，“就是黑夜降临在思想上。”“但前提是思想必须迎着黑夜而上”——神秘主义者和存在主义者如此回应。当然，这个黑夜，并不是仅仅依据人的意愿而产生的黑夜，不是我们闭起双眼、为了让自身迷失其中的阴沉而逼近的夜。如果说，思想必须要迎着黑夜而上，这个黑夜更应该是绝望的夜，但清醒仍在；那应该是极地的夜，精神的不眠之夜，从中也许会升起雪白的灿烂光芒，在智慧的光芒下勾勒出所有事物的形状。在这个层面上，等值便遇到了充满激情的理解。甚至不需要判断存在的跳跃。精神在人类态度的数千年的壁画中找到了自己的位列。而对于观者来说，如果他能够意识到，那么这一跳跃依然是荒诞的。就在他认为已经解决了矛盾的时候，他实际上

1 阿兰（Alain，1868—1951），法国哲学家、散文家。著有《幸福散论》。

是完全地将之恢复了。在这个意义上，他是令人感动的。在这个意义上，一切都重新找回了应有的位置，荒诞的世界又重新迎回它的灿烂与多彩。

但是停下是有害的，也很难满足于唯一的观察方式，很难摆脱矛盾，这也许是所有精神力量中最为微妙的。以上种种仅仅是定义了一种思考的方式而已。现在，就是生活了。

以前，是要知道生命是否有意义，值得我们活过。而此时，恰恰相反，正是因为生命很可能没有意义，它才值得更好地活过。经历某一种经验，经历命运，就是充分地接受它。

如今，荒诞汇入了日常生活。它重新寻回了不具名的“我们”的世界，但是从今以后，人带着反抗、带着清醒回到了这里。

身体，温情，创造，行动，人类的高贵，让我们在这错乱的世界里重新找到它们的位置。人类终于在这里找到了荒诞之酒，冷漠之粮，也从中成就了自己的伟大。

活着，就是经历荒诞。而经历荒诞，首先就是直视它。

我所知道的唯一的自由，就是精神与行动的自由。

真正重要的并不在于如何活得更好，而是在于尽可能地去经历。

感受生活，反抗，自由，尽可能地感受，这就是生活，尽可能地生活。

作者注

i：我们必须利用这个机会对本文的相对性做出说明。自杀的确可能会出于更加令人尊重的原因。比如说：革命中因为反抗而自杀。

ii：我听人说起有一个贝勒格里诺的追随者，他是战后的一位作家，他写完了他的处女作之后，用自杀来引起别人对其作品的关注。大家的确关注到了他的作品，但是觉得他写得很糟糕。

iii：这里不是真正意义上的荒诞。这里并非对荒诞的定义，而是将表现荒诞的情感一一列举出来。列举完了，我们却并不能穷尽荒诞之本质。

iv：这里涉及例外的概念，自然是反亚里士多德的。

v：大家也许会想到，我这里遗漏了本质问题，即信仰问题。但是我并没有对克尔凯郭尔或是舍斯托夫，以及下文将要谈到的胡塞尔的哲学进行审视，我只是向他们借用了一个主题，我想要审视的是，这个主题的结果与现存的规则是否一致。也许只是出于固执吧。

vi：我没有说“驱逐上帝”，因为这样说更加肯定。

vii：我们在这里需要重申：我们质疑的不是上帝是否存在，我们针对的是这一逻辑。

viii：即便是最为严谨的认识论也有形而上的意味。正因为如此，这个时代大多数的思想家在形而上学的层面只坚持一种认识论。

ix：在这个时代，理性不是适应环境，就是死亡。理性是可以自我适应的。普罗提诺将理性从逻辑的变成了审美意义的。比喻代替了三段论。

——另外，这不是普罗提诺对于现象学的唯一贡献。这位亚历山大学派的思想者很推崇的想法是，说到思想，不仅仅是人的思想，而更是苏格拉底的思想，现象学的态度已经被包含在这一想法之中了。

x：这里涉及的是一种事实的比较，而不是对谦卑的辩解。荒诞之人是妥协之人的反面。

xi：有时量也意味着质。如果我采信科学理论最近的观点，即所有的物质都由能量核心构成，那么物质在量上的多少，也决定了它的特性。一百万个离子和一个离子不仅仅是量上的区别，同时在质上也有所区别。我们很容易在人类经验中找到其他类似的例子。

xii：对于另一个完全不同的概念，虚无，也应有同样的思考。虚无既不会为现实增添一点什么，也不会去掉一点什么。在虚无的心理经验中，只有考虑到两千年之后发生的事情，虚无才是有意义的。因此虚无完全是未来生活的总和，而不是属于我们自身的生活。

xiii：意愿在这里只是原动力：它试图保持意识。它会提供生活的纪律，这一点是值得赞赏的。

xiv：关键是前后一致。我们在这里的出发点是对世界的默许。但是东方思想教会我们，我们也可以投入同样的逻辑努力来**反对**这个世界。这也是合理的，这就确立了这篇文章的视野和局限。但是，对于世界的否定如果同样严苛（例如在某些吠檀多学派），往往会得到类似的结果，即无所谓什么事业。让·格勒尼埃（Uean Grenier）在一部非常重要的作品《选择》中，就以这样的方式建立了一种真正意义的“无所谓的哲学”。

荒诞之人

如果斯塔罗夫金有信仰，他并不相信他的信仰。

如果他没有，他也不相信他不信的信仰。

——陀思妥耶夫斯基《群魔》

“我的领域，”歌德说，“就是时间。”这就是荒诞之人的话语。荒诞之人究竟是什么？就是在不否定永恒的前提下，从来不图谋永恒的人。并非说他不理解怀旧之情。但是相较于此，他更倾向于勇气和理性。前者教会他义无反顾地活着，满足于已有的东西，后者教会他自身的界限。正因为知道自己的自由是有限的，反抗是没有未来的，意识终有一天会枯竭，他才会继续他生命长河之中的冒险。这就是他的领地，在此，除了他自己的评判，他不会将自己的行动置于任何其他的评判之下。对于他来说，一种更加伟大的生活并不意味着另一种生活，否则将是不诚实的。我这里所说的甚至不是被称为后世的可笑的永恒。罗兰夫人[1]相信后世。然而，这一不谨慎的行为让她得到了教训。

1 罗兰夫人（Manon Jeanne Phipon，1754—1793），法国大革命时期的政治家，吉伦特党领导人之一。

后世很喜欢提这个词，但是并没有对此加以评判。对于后世来说，罗兰夫人恰是无足轻重的。

这也不是道德的问题。我看到过很多人，有很多道德观念，但是行为很糟糕，而我每天都能够观察到，诚实根本不需要规则。荒诞之人只接受一种道德，不脱离上帝的道德：一种自律的道德。但是荒诞之人恰恰是在这个上帝之外去看的。至于其他的道德（也包括非道德主义），荒诞之人从中看到的就只是辩解，可他没什么好辩解的。我在这里的出发点是荒诞之人的无辜。

这种无辜是可怕的。“一切皆得到准许。”伊凡·卡拉马佐夫[1]叫道。这句话也散发出它的荒诞气味，但前提是我们不从粗俗的角度来理解它。我不知道大家是否注意到，这并不是得到解放的、快乐的叫喊，而是因为知晓了苦涩的真相而发出的叫喊。相信一个可以赋予生活以某种意义的上帝，其诱惑力远胜过作恶而不受惩罚的权力。选择其实并不难。但是没得选择，于是苦涩便开始了。荒诞并不能够让人得到解脱，它是连接。它不能使得所有行为都得到准许。一切都得到准许并不意味着没有东西得到捍卫。

1 伊凡·卡拉马佐夫，陀思妥耶夫斯基《卡拉马佐夫兄弟》里的主人公。

荒诞只是把行动的等价物还给结果。它并不必然招致罪恶，要不然也太孩子气了，但是它再次重申，悔恨徒劳无益。同样，如果所有的经验都无关紧要，那么，关于责任的经验也就与另外的经验一样是合理的。我们有可能出于随心所欲而身从良善。

所有的道德都建立在同样的观念上，即认为行动都有其结果，而结果可以使得行动趋于合理或证明行动的无效性。沉浸在荒诞思想中的人认为，这些后续都应该得到客观公正的对待。他做好付出代价的准备。换句话说，于他而言，即便有人该为此负责，也没有人是有罪的。他最多会同意用过去的经验来建立未来的行动。时间会盘活时间，而生活会服务于生活。在这一有限而又充满可能性的领地上，除了清醒，一切就其自身而言都是不可预见的。而从这非理性的秩序中，我们又能得出什么样的规则呢？在他看来，唯一有教益的真相完全是非形式的：这真相生机勃勃，在人世间传播。因此，荒诞的精神在其理性的尽头能够找寻到的不是伦理规则，而是人类生活的展示与气息。接下去出现的一些形象就属于这一类。它们是荒诞推理的继续，把自己的热情给了荒诞推理，并让荒诞推理有了自己的态度。

我是否需要再多说几句，说给出的例子并不必然是需要遵循的范例（在荒诞世界中尤其如此），因而这些展示也远非典范？抛开使命不谈，相对而言，如果我们从卢梭那里得出需要爬行的结论或是从尼采那里得出他虐待母亲是合适的结论，我们会觉得很可笑的。“应该荒诞，”一位现代作者写道，“但不应该被骗。”只有考虑到反面，这里所涉及的态度才具有意义。如果有相同的意识，那么，一个邮局的编外人员和一个征服者并没有差别。因此所有的经验都是无关紧要的。有能够帮助到人的，也有会损害到人的。如果人能够意识到，那就是能够帮助到人的经验。不然，也没什么关系：一个人的失败不能归之于环境，而是要归之于自己。

我只选择那些愿意燃尽自己的，或者说我认为他们是在燃尽自己的人。到此为止。目前，我只想谈论这样一个世界：思想和生活一样都没有未来的世界。一切驱使人工作、让人焦躁不安的东西都会利用希望。因此，唯一不撒谎的思想就是不结果实的思想。在荒诞的世界，某一种观念或者某一种生活的价值是依据它不结果实的程度来衡量的。

唐璜风格

只有知晓爱是短暂的、独特的，才能够成就慷慨之爱。

如果有爱足矣，事情便简单了。越是爱，则荒诞越是得到巩固。唐璜并不是因为缺乏爱，才从一个女人的怀抱投向另一个女人的怀抱。把他当作一个寻找幻想中的真爱的人，实在可笑得很。然而，正是因为他带着同样的激情爱这些女人，而且每次都是完全投入，他才要不断地重复这种天分，不断深化这份爱。由此，每个女人都希望能够给予他别的女人所未曾给予的爱。但每一次，这些女人都错了，她们所能做到的，不过是成功地让他感受到重复的需要。“终于，”她们当中的一个说，“终于我把爱给了你。”我们难道还会惊讶于唐璜的回答吗?“终于? 不，”他说，“只是又一次而已。”为什么一定要爱得少才能够爱得深沉呢?

* * *

唐璜悲伤吗？不见得。我都不需要借助于传闻。他的笑声，胜利的傲慢，欢悦，对戏剧性的爱好，这一切都是明明白白、快快乐乐的。所有身心健康的人都希望尽可能多地得到。唐璜也是如此。再说，悲伤之人的存在有两个必要条件：一是无知，一是充满希望。唐璜知道得很清楚，而且他并不抱有希望。他让我们想到那些艺术家，他们了解自己的局限，并且从不超越，而在精神暂居的不稳定的空隙中，又有着大师所能有的美妙的自在。这才是天才：了解边界所在的智慧。唐璜直至肉体死亡的边界，仍不知悲伤为何物。自从他明白过来的那一刻起，他便笑得爽朗，原谅一切。在他曾怀有希望的时候，他悲伤过。如今，在这女人的唇间，他又品尝到这一学问的苦涩味道。苦涩？勉强算是吧：对于感受幸福而言，这种不完美也是必须的！

说在唐璜身上看到了受《传道书》滋养的人，这是个大骗局。因为对于他来说，对于另一种生活的向往就是最大的虚荣。他证明了这一点，因为他和上天玩起了虚荣的游戏。在玩乐中丧失欲望的遗憾，这一众所周知的无力感不属于他。这种事情适用于浮士德，他如此相信上帝，以至于为了上帝将自己出卖给魔鬼。对于唐璜来说，事情是很简单的。莫利纳[1]笔下的“花心郎”在受到地狱威胁的时候，总是这样回答：“再给我更长一点的期限吧！”死后的东西是抓不住的，而懂得活着的人拥有多么漫长的岁月啊！浮士德要求的是这个世界的财富：不幸的人只需要伸出手来。不懂得享受灵魂的快乐就已经是在出卖灵魂。相反，满足，这才是唐璜要求的。如果说他离开一个女人，这绝不是因为他对这女人再也产生不了欲望。一个美丽的女人总是让人产生欲望的。但是，这和他是否想要另一个女人不是一回事。

这样的生活让他感到很满足，再也没有比失去它更糟糕的了。这个疯子是个有大智慧的人。那种靠希望活着的人很难适应这个世界，因为在这个世界，善良需要让位于慷慨，温柔需要让位于男子气概的沉默，团结需要让位于孤独的勇气。而所有人都在说他：“这是个弱者，一个理想主义者或是一个圣人。”必须要吞下这份侮辱人的伟大。

---

1 莫利纳（Triso de Molina，1583—1648），西班牙剧作家，在莫里哀之前，他第一个塑造了唐璜的形象。

* * *

对于唐璜的这些言论，对于他用来和所有女人说的同样的话（或是对于他欣赏的东西所表露出的同谋的笑容），我们已经表达了充分的愤怒。但是对于只是寻求快乐之量的人来说，有效性即是一切。口令已经产生了价值，再让口令变得复杂又有什么意义呢？任何人，女人，男人，都不会在意口令的内容，他们听的就只是发出口令的声音。口令就是规则、约定和礼仪。我们已经说了，剩下最重要的事情就是如何去做。唐璜做好了投入的准备，那又为什么还要向自己提出道德的问题呢？他可不像米洛兹[1]笔下的玛纳拉那样，因为想要做一个圣人才入了地狱。对于他来说，地狱是人们用来挑衅的东西。对于神的愤怒，他只有一个回答，这是人类的荣誉："我有名誉。"他对上级骑士说："我会履行我的诺言，因为我是骑士。"但是如果就此认为他是一个不道德的人，那也是错误的。从这个角度来说，他不过"和所有人一样"：他有同情的道德，或是反感的道德。只有参照其俗世的象征，亦即普通的引诱者，一

1 米洛兹（O. V. de Milosz，1877—1939），法国剧作家、诗人，原籍立陶宛。

个引诱女人的男人，我们才能够很好地理解唐璜。他是一个普通的引诱者[i]。区别只在于他是有意识的，正是因为这一点，他是荒诞的。一个变得清醒的引诱者并没有因此而产生变化。引诱是他的常态。只有在小说中，人会变换常态或者变得更好。但是我们可以说，什么都没有改变，但同时一切也都发生了变化。因为唐璜付诸了行动，这是关乎量的伦理，和圣人趋向于质正相反。不相信事物的深层意义，这是荒诞之人的特有属性。这些个热情的、心醉神迷的脸，他一一经历，保存，付之一炬。时间与他一起前行。荒诞之人是与时间不分离的人。唐璜并非在“收集”女人。他只是在穷尽数量，通过女人穷尽生活的机会。收集是活在过去的一种能力。但是他拒绝遗憾，遗憾只是另一种形式的希望。他是不会去看什么肖像画的。

* * *

因而他是自私的吗？也许，以他独有的自私方式吧。但在这一点上，也是怎么去理解的问题。有些人是为活着而生，也有些人是为了爱而生。至少唐璜会很乐意说出来。

但只有通过简略的表达，他才能有所选择。因为我们这里所说的爱为永恒的幻想所装饰。所有爱的专家都会告诉我们这一点，永恒的爱情都伴有阻碍。没有斗争的爱情几乎不存在。这样的爱情只有在死亡的终极矛盾中走向结束。要么成为维特[1]，要么就什么都不是。同样，自杀也有若干种方式，其中一种就是将自己完全奉献出去，忘记自身的存在。唐璜和其他任何人一样，知道这样会很感人。但他是少数知道重点不在这儿的人之一。他还很清楚：被爱情带离个人生活轨道的人也许会变得丰富起来，然而他们所选择爱的那些人一定会日渐贫瘠。一位母亲，一个充满激情的女人，必然有一颗冷硬的心，因为这颗心脱离了世界。它只有唯一的感情，唯一的存在，唯一的面庞，但是，一切都被吞噬了。震惊唐璜的是另一种爱，这种爱是解放者。它带来了全世界的所有面貌，它颤抖，正因为它知道，这爱有一天终会消亡。唐璜选择了什么也不是。

对于他来说，是要看得更加清楚。我们之所以将那种使得我们和其他人联系在一起的东西称为爱情，那只是因为参照了一种集体的看待方式，书籍和传说都应该对此负

1　维特，歌德《少年维特之烦恼》中的主人公。

有责任。但是对于爱情，我所认识到的，就只是将我和某一个人联系在一起的，混杂了欲望、温情和智慧的东西。爱情并非对任何人而言都由同样的成分组成。我所谓的爱并不能覆盖所有爱的经验，因而也大可不必导向相同的行为。荒诞之人会将他不能同一化的东西尽量多样化。因此，他发现了一种将他解放出来的新的方式，至少这种新方式能够解放那些接近它的人。只有知晓爱是短暂的、独特的，才能够成就慷慨之爱。正是所有逝去的爱，以及爱的再生，才造就了唐璜的生命。这就是他献出的、赖以生存的方式。至于是否能够称之为自私，就留待他人判断吧。

* * *

我想到那些绝对希望唐璜受到惩罚的人。不仅是在来生，而且还在今世。我想到了所有这些关于老去的唐璜的故事、传说以及嘲笑。但是唐璜对此已有所准备。对于一个意识清醒的人来说，衰老以及衰老所预示的东西并非意料之外。之所以他能有所意识，就是因为他并不对自己隐瞒其中的可怖之处。雅典有一个专司衰老的神庙。人们把孩子带去那里。对于唐璜来说，人们越是嘲笑他，他的形象就越是分明。他因此拒绝了浪漫主义者加在他身上的某种形象。饱受折磨的唐璜，可怜的唐璜，没有人再想笑他。人们同情他，上天会拯救他吗？但不是这么回事。在唐璜隐约瞥见的世界里，可笑之处同样可以理解。他或许觉得，受到惩罚是正常的。这就是游戏规则。而他的慷慨就在于他接受一切游戏规则。但是他知道自己是对的，谈不上什么惩罚。一种命运算不上是惩罚。

这正是他的罪过，我们很明白，主张永恒的人都主张他遭受惩罚。他掌握了一种不带幻想的科学，否认了主张永恒的人所宣称的一切东西。爱与占有，征服与穷尽，这就是他认识的方式。(《圣经》将爱的行为称为“认识”，这种说法是有意义的。）正是因为他无视这些主张永恒的人，他才是他们最大的敌人。有个专栏作者转述说，真正的“骗子”是被方济各会士杀死的，因为他们想要“终结唐璜的放纵与渎神行为，而他的出生就是对他不受惩罚的保证”。他们接着宣称，老天用闪电劈了他。但是没有人能够证明这奇怪的结尾的真实性。当然也没有人能够证明事实正好是反过来的。我倒不需要去想是否真实的问题，我能够说的是，这是符合逻辑的。我仅仅想强调“出生”一词，就此多说几句：活着本身就保证了他的无辜。因此他只有在死后才背负罪名，而现在，他的罪恶成了传奇。

这位石头骑士，这一震动起来以惩戒胆敢思想的血气与勇气的冷冰冰的雕像还意味着什么呢？永恒理性、秩序、普遍道德的全部力量，以及一个易怒的神的奇怪的伟大，都在他身上得到了体现。这一没有灵魂的巨石象征着唐璜否定掉的一切权力。但是骑士的使命到此为止。电闪雷鸣可以重新回归天庭，因为它们统统来自天庭。真正的悲剧在它们之外。不，唐璜并非死于石掌之下。我情愿相信传说中的抵抗，相信健全的人发出的狂妄的笑声是在向一位并不存在的神发起挑战。我尤其相信那天晚上，唐璜在安娜家等待，骑士并没有去，而渎神的唐璜应该是在午夜过后感觉到那些振振有词的人的可怕的苦楚。我更相信一种叙述，即他最后进了一座修道院。故事并非有教育意义才显得更加真实。应该向上帝请求什么样的庇护呢？这或许说明，浸满了荒诞的生命依循一定的逻辑走向终结，一个转向没有明天的欢愉的存在所能有的结局。欢愉以禁欲的方式终结。必须明白，这两者就像一种结局的两张面孔。还能期待什么更加可怕的形象呢：一个身体进行背叛的人，因为没有及时死去，一边等着结局的到来，一边演完这场笑剧，与他并不欣赏的神面对面，侍奉他，就像他侍奉生活一样，跪倒在虚空下，向默不作声的上苍张开双臂，因为他知道这上苍即便说些什么也毫无深意。

我看见唐璜就在西班牙山间修道院的某间房间里。如果他在看什么，那绝不是失去的爱情的魂灵，他是在透过滚烫的小孔，眺望西班牙某处沉默的平原，在这块无与伦比的、没有灵魂的土地上，他认出了自己。是的，我们应该在这忧郁的、闪闪发光的形象上打住。最后的结局，虽然历经等待，但从未被期望过，最后的结局是可以忽略的。

▍ 不相信事物的深层意义，这是荒诞之人的特有属性。

唐璜并非在“收集”女人。他只是在穷尽数量，通过女人穷尽生活的机会。

对于爱情，我所认识到的，就只是将我和某一个人联系在一起的，混杂了欲望、温情和智慧的东西。

只有知晓爱是短暂的、独特的，才能够成就慷慨之爱。

戏剧

> 这种艺术的规则要求一切都要被放大、被明确地诠释出来。

哈姆雷特说："演出，就是一个陷阱，在那里我抓住了国王的想法。""抓住"这个词用得很好。因为想法来去匆匆，很快就藏了起来。必须在来去匆匆之中抓住它，就在这不可捉摸的一瞬间，当它向自身投去稍纵即逝的一瞥时。一般人不喜欢拖延。一切都逼迫着他要快一些。但是同时，除了他自身，没有什么是他真正感兴趣的，尤其是在他能够成为什么样的人这件事上。因此他才会对戏剧、对演出那么饶有兴味，因为他有了那么多命运的选择，他从中获取的就只是命运的诗意，而不必品尝命运的苦楚。至少在这里，我们认出了无意识的人，他继续快步走向并不明了的希望。

荒诞之人正是从希望结束之际开始的，他不再只是欣赏这个游戏，精神想要就此介入。进入所有的这些生活，体验它们的不同之处，这才是真正的游戏。我不是说，演员们普遍听从这样的召唤，他们就是荒诞之人，而是说，他们的命运是荒诞的命运，足以诱惑、吸引一颗敏锐的心灵。这些都有必要作为先决条件提出来，只有这样，下面的这些话才不会引起误解。

演员统治的是一个一切终究归于死亡的国度。我们知道，在所有的荣光中，演员的荣光是最为短暂的。至少平常大家都这么说。但是所有的荣光都是短暂的。从天狼星的角度来看，歌德的作品在一万年后也将归于尘土，他的名字终将被忘记。某些考古学家或许能够找到我们这个时代的“证据”。以前，这个想法倒还真起到过教育的作用。经过深思熟虑，我们的冲动于是最终归于冷漠之中所发现的深沉的高贵。它使得我们总是趋向于考虑更加确定的事情，也就是说将我们导向眼下。在所有的荣光中，最不具欺骗性的就是眼下正经历着的荣光。

演员于是选择了不可数的荣光，这荣光是献给自己的，并且是自己体验到的。在一切终将消亡的事物中，他得出了最好的结论。演员要么成功，要么不成功。而一个作家，即便他尚且默默无闻，他仍然持有希望。他可以假设他的作品终有一天能够证明他的价值。演员至多留一张照片下来，而他的一切，包括他的动作，他的沉默，他短暂的气息，他爱的呼吸，统统不会到我们眼里。对于他来说，不为人所知，就是不演戏，而不演戏，就意味着和他激活或使之复生的人物死上一百回。

* * *

建立在最为短暂的创造之上的必然暗淡的荣光，还有什么比这更加让人吃惊的呢？演员在三个小时的时间里成为伊阿高[1]或是阿尔切斯特[2]，成为费德尔[3]或格洛斯特[4]。在这短暂的时间里，只是五十见方的舞台，他让这些人物活着，或死去。荒诞从来不曾如此完美、如此经久地光彩夺目过。这些美好的生命，这些独特而完整的命运，就在四壁之间，几个小时的时间里，生长、完成，还有比这更浓缩、更有启示意义的吗？从舞台上下来，塞西斯

1 伊阿高，莎士比亚《奥赛罗》里的人物。

2 阿尔切斯特，莫里哀《恨世者》里的人物。

3 费德尔，拉辛《费德尔》里的人物。

4 格洛斯特，莎士比亚《理查三世》里的人物。

蒙多[1]就失去了意义。两个小时后，我们会看到演员正在城里用晚餐。这时我们会想，这也许就是人生如梦吧。但是在塞西斯蒙多之后，又会有别的人物。一个总是游移不定的人物取代了那个复仇后满面通红的人物。

通过穿越数个世纪，进入无数的心灵，尽其所能或是就其本色模仿他人，演员成了另一个荒诞的人物，一个旅者。和这旅者一样，他穷尽了什么，在不停地穿越。他是时间的旅者，在最好的情况下，是被追捕的灵魂的旅者。如果说，数量至上还能够找到什么好的理由，也就是在这奇特的舞台上了。演员究竟在何等程度上得到这些人物的好处，这很难说。但这并不重要。我们只需要知道，演员在何等程度上融入了这些不可替代的生命。的确，他将这些人物背负在自己身上，稍稍超出了这些人物所在的时间与空间。这些人物陪伴着演员，演员无法与过去的样子轻易地分离开来。有时，端起酒杯时，他会不自觉地用哈姆雷特的姿势。不，他和他赋予生命的这些存在之间的距离并不那么大。经年累月，他都会展现这一具有丰富含义的真理，即在他想要成为的人和他本来的面貌之间没有界限。

1　塞西斯蒙多，西班牙剧作家卡尔德隆《人生如梦》里的人物。

摹拟在何等程度上成了存在本身，这是他想要证明的，他一直想着如何才能更好地呈现这个人物。因为这是他的艺术，百分之百的伪装，尽可能地进入这些并非是他的生命。拼尽一切气力之后，他的使命便绽放出光彩：费尽心思成为一个到头来什么都不是的人，或者说成为无数多的人。让他创造人物的空间越窄，就越需要他的天赋。今天，这张本属于他的面孔将要在三个小时之内死去。他要在三个小时之内体验和表达这份特殊的命运。可以说，这是在发现自我之前首先要失去自我。三个小时之后，他将在这条没有出口的道路上走到尽头，而这条道路，观众席上的人需要花去一生的时间。

* * *

模仿一个要逝去的生命，演员只能做表面功夫，同时在表面上下功夫。戏剧的规则，就是内心只能通过动作和形体来表达，或者是声音，既是灵魂的声音也是身体的声音。这种艺术的规则要求一切都要被放大、被明确地诠释出来。如果说在舞台上，演员必须像真实的一般去爱，发出不可替代的内心的声音，就像凝视一般去看，那我们的语言就成了密码。沉默也必须让人们听到。爱要拔高声音，而静止变得如此壮观。身体就是王道。“戏剧性的”这个词可不就是这个意思，它被错误地贬低了，而它有着自身完整的审美与道德。人有一半的生命都是在不言而喻中度过的，转过头，沉默不语。演员在这里是一个侵入生命的人。他为这颗被缚的灵魂祛了魅，于是激情都涌向了舞台。激情通过动作得到了表达，在叫喊声中变得鲜活。就这样，演员塑造人物，就是为了表现人物。他勾勒出这些人物，给予他们血肉，悄悄地溜入想象的形象里，给原本的幽灵注入了血液。当然，我说的是那种伟大的戏剧，给演员机会用活生生的东西去充填人物命运的那种戏剧。看看莎士比亚。在第一场，正是身体在疯狂地舞动。就这舞动说明了一切。如果没有这舞动，一切就都崩溃了。如果没有赶走考狄利娅和叱责埃德加的粗暴行为，李尔王永远都不会去赴这场疯狂的约会。的确，这场悲剧就是在疯狂的标签下展开的。灵魂被交给魔鬼和魔鬼的萨拉班德舞曲。至少有四个疯子，一个是职业的疯子，一个是自愿成为的疯子，最后两个则是因为备受折磨而成了疯子：四具失去理智的身体，四张在同样的环境下说不清道不明的面孔。

人的身体本身的层级是不够的。面具，悲剧演员的厚底鞋，简化并突出脸部基本要素的妆容，夸张而简约的服饰，这一世界为表象牺牲了一切，一切就只是为了视觉。仿佛是荒诞的奇迹，身体还能给人带来认知。如果不是饰演伊阿高，我大概永远也不会真正理解他。即便听到他说话也没有用，我只有在看见他的时候才能抓住他。从荒诞之人的身上，演员获得了单调，这独特的、令人陶醉的身影，既奇怪又熟悉，隐含在所有主角中。我们在这一点上可以看到，伟大的戏剧作品往往会表现出这种风格的统一[ii]。这也正是演员自相矛盾的地方：虽然是同一个人，却如此多样，一具身体可以呈现那么多的灵魂。但这也正是荒诞本身的矛盾之处，一个个体，想要达到一切，想要经历一切，这是不可能的企图，是根本无法完成的执念。

然而，一切矛盾却在演员的身上得到了统一。在他身上，身体与精神重逢了，彼此紧紧贴合，精神已经厌倦了失败，于是转向他最为忠诚的同盟。哈姆雷特说：“祝福他们吧，他们的鲜血和理性如此奇怪地混为一体，他们已不再是命运的手指可以随意安排从哪个孔里发出声音的笛子。”

* * *

为什么教会竟然没有禁止演员的这种活动呢？教会当然不会承认戏剧中不计其数的异端灵魂、情感的泛滥，以及精神拒绝只经历一种命运，迫不及待地冲向各种放纵的无耻企图。在戏剧中，教会禁止的是对现时的趣味以及普洛透斯[1]的胜利，因为这些都意味着对教会所传授的一切的否定。永恒不是一场赌博。如果更倾向于戏剧，而不是歌颂永恒，那这种精神就是入了迷途。在“无处不在”和“永远”之间，没有妥协。在这点上，这一遭到贬低的职业就滋生了无穷的精神冲突。尼采说：“重要的不是永恒的生命，而是永恒的生命力。”的确，戏剧正是处于这样的选择之中。

安德丽亚娜·勒古弗勒[2]临死之时很想忏悔、领圣体，但是她拒绝放弃自己的职业。因此她失去了忏悔的权利。说到底，她所做的这一切，不是不惜冒犯上帝从而维护自

1 普洛透斯，希腊神话中变幻无常的海神，又名海中老人。能知未来，传说谁能见到他，谁就可以向他询问自己的未来。

2 安德丽亚娜·勒古弗勒（Andrienne Lecouvreur，1692—1730），法国著名女演员。

己深层的激情，又是什么呢？而这一已经生命垂危的女性，眼含热泪地拒绝否定她称之为艺术的东西，恰恰展现了她在舞台的灯光下还未曾达到的伟大。这是她最美好的角色，也是最难坚持的角色。在天堂与微不足道的忠诚之间做出选择，比起永恒或沉溺于上帝，宁愿选择坚持自己，这是一出古老的悲剧，而她必须在这种悲剧中保有自己的位置。

那个时代的演员知道自己被开除了教籍。进入自己的职业，就意味着选择了地狱。教会把他们看成自己最大的敌人。有些文学家为此感到十分愤怒：“什么，竟然最后还拒绝对莫里哀[1]施以援手！”然而这才是理所应当的，尤其对于这个死在舞台之上，将整整一生都奉献给浓妆重彩之下的各个角色的人而言。在说到他时，我们总是说天才可以原谅一切。但是天才什么都无法原谅，就是因为他拒绝原谅。

由此可见，演员知道等待着他的是什么样的惩罚。但是，这种模糊的威胁，以生命本身留给他的最后惩罚为代价，又有什么意义呢？他早就体会到了，而且完全接受。对于演员来说和对于荒诞之人来说是一样的，过早地死去

1 莫里哀（Molière，1622—1673），法国著名喜剧作家。

是无可挽回的。什么也不能补偿他曾经拥有过的那些面孔，他曾经穿越的那些世纪。但是无论如何，都是死亡。因为演员无处不在，而时间拖着他，也在他身上起作用。

所以，我们需要一点点想象就能够明白，演员的命运意味着什么。正是在时间中，他在塑造、一一展现他的角色。也正是在时间之中，他学会了驾驭他的角色。他越是经历了不同的生命，就越懂得如何与他们撇清。于是到了必须在舞台上和尘世中死去的时刻。他曾经经历过的一切都在他面前。他看得很清楚。他能够感受到，在这样的奇遇之中，痛苦在哪里，不可替代的又是什么。他知道了，于是现在可以死去。年老的演员是有退休所的。

▍ 演员统治的是一个一切终究归于死亡的国度。

荒诞从来不曾如此完美、如此经久地光彩夺目过。这些美好的生命，这些独特而完整的命运，就在四壁之间，几个小时的时间里，生长、完成，还有比这更浓缩、更有启示意义的吗？

演员成了另一个荒诞的人物，一个旅者。和这旅者一样，他穷尽了什么，在不停地穿越。他是时间的旅者，在最好的情况下，是被追捕的灵魂的旅者。

三个小时之后，他将在这条没有出口的道路上走到尽头，而这条道路，观众席上的人需要花去一生的时间。

戏剧的规则，就是内心只能通过动作和形体来表达，或者是声音，既是灵魂的声音也是身体的声音。这种艺术的规则要求一切都要被放大、被明确地诠释出来。

一个个体，想要达到一切，想要经历一切，这是不可能的企图，是根本无法完成的执念。然而，一切矛盾却在演员的身上得到了统一。

正是在时间中，他在塑造、一一展现他的角色。也正是在时间之中，他学会了驾驭他的角色。他越是经历了不同的生命，就越懂得如何与他们撇清。

征服

▎ 总有一个时刻，我们必须在静观与行动中做出选择。

“不，”征服者说，“你可别以为，爱上行动必须忘记思考。恰恰相反，我可以非常明确地定义我的信仰。因为我竭尽全力去信仰它，我能够明确、清晰地去看待它。那些人说，‘啊，这个啊，我太了解了，以至于无法表述’，这种话非常值得怀疑。如果他们不能够表述，要么是因为他们并不了解，要么是因为他们太懒了，了解只流于表面。”

我没有太多的意见。在生命即将终结之际，人会发现他终其一生只是为了确定唯一的真理。但是唯一的真理如果真是那么显而易见，那就足以引导生活了。对于我来说，我当然有些关于个体的话要说。我们应该不用那么客气地说，甚至，如果有必要，可以带有适当的蔑视来说。

一个人，往往不是靠他所说的东西成为一个真正的人，而更是通过他不说的东西。所以说，接下来我在很多事情上要保持沉默。但是，我坚定地相信，所有对个体做出过判断的人，他们建立自己的判断所依据的经验比我们要少得多。也许是智慧，令人感动的智慧预感到必须观察到的什么东西。但是时代，时代的废墟和鲜血已经用显而易见的事实填满了我们。古代的居民可以，甚至我们今天这个不由自主的时代的居民也可以，在社会要求的美德与个体的美德之间摇摆，试图明白究竟应该是哪一个服务于另一个。这是可能的，首先因为人的内心总有这样一种错误而固执的想法，觉得人来到这个世界要么就是服务的，要么就是被服务的。这是可能的，还因为无论是社会还是个体都还没有显示出他们所有的本事。

我看到有些宽厚的人沉迷于佛兰德斯地区血腥战争时期那些荷兰画家的杰作，为西里西亚神秘主义者在可怕的三十年战争中的祷词所感动。在他们充满惊讶的眼睛里，他们看到的是永恒的价值超越了现世的纷争。但是时间在流逝。今天的画家早就没有了这份安宁。即便他们还有一颗创造者必须有的心，我想说的是一颗决然的心，也没有什么用处，因为整个世界，包括圣人自己都参军了。这也许是我感受最深的地方。战壕中流产的每一个造型，钢铁碾压的每一道画笔，无论是隐喻还是祈祷，都使永恒失去了一部分。我很清楚自己不能脱离时代，所以我决定与之融为一体。我之所以会记录那么多的个体，就只是因为个体在我看来是微不足道的、受侮辱的。我知道这不是胜利的事业，而我对失败的事业充满兴趣：失败的事业要求的是一颗完整的灵魂，对失败和对短暂的胜利能够一视同仁。对于那类感觉与世界命运紧密相连的人来说，文明的冲击中有着某种令人惊恐的东西。我将之转化成自己的惊恐，同时也想着赌上一局。在历史与永恒之间，我选择历史，因为我喜欢确定的东西。至少，对于历史我是确认的，我又如何能够否认这份压垮我的力量。

总有一个时刻，我们必须在静观与行动中做出选择。这就是成长为人。这也是一种极其可怕的苦痛。但是对于一颗骄傲的心而言，是没有中间道路的。有时是在上帝和时间之间，或者在十字架和刀之间。要么这个世界有着超越其骚动之上的、更高的意义，否则就再也没有比这些骚动更加真实的了。要么与时间共存，随着它一起死去，要么摆脱它，寻求一种更为伟大的生活。我知道我们可以妥协，活于世纪之中，却相信永恒。这叫作接受。但是我讨厌这个词，对我而言，要么是全部，要么就是一无所有。如果我选择行动，千万别以为静观对于我来说就是一片完全未知的土地。但是它不能给予我全部，被剥夺了永恒的我只能附着于时间。我既不愿把怀念也不愿把苦涩记在我的账上，我只想看得清楚一些。我和您说过，明天您也会应征入伍。对于您和对于我来说都是一样，都会是解放。个体什么也做不了，但是他也无所不能。在这美妙的预备役时刻，您可以明白，为什么我有时颂扬个体，有时又会将其贬得一钱不值。是这世界将个体碾压得粉碎，而我却解放了个体。我把他所有的权利给了他。

* * *

征服者知道行动本身是没有用处的。只有一种行动是有用的，那可能就是对人和地球进行再造的行动。我从来没有对人进行过彻底改造。但是必须做得“像真的一样”。因为斗争的道路让我遇见了肉身。即便惨遭侮辱，肉身仍是我唯一确定的东西。我只能依靠它生活。造物是我的故土。这就是为什么我会选择这一荒诞的、无目的的努力。这就是为什么我会选择站在斗争的一边。时代适合于此，我说过。迄今为止，一个征服者的伟大还是地理意义上的。

伟大的程度依据被征服的领土的广度来计算。如果说，“征服者”这个词改变了意思，不再指得胜的将军，这种改变可不是无关紧要的。伟大换了阵营。从此之后只寄身于反抗和没有未来的牺牲之中。在这点上也是一样，并不是出于对于溃败的兴趣。胜利还是被期待的。但胜利只有一种，它是永恒的。这恰是我永远也不会拥有的。这就是我碰到的问题，同时也是我紧紧抓住的东西。革命总是在对诸神的反抗中结束，总是以普罗米修斯的革命开始，普罗米修斯是第一个现代意义的征服者。这是人类对抗自己命运的要求：所谓穷人的要求就只是一个借口。但是我只能在人的历史行动中才能够抓住这一精神，也正是在这一点上，我连接上了普罗米修斯的革命。但千万不要认为我热衷于此：在本质的矛盾面前，我更坚持人类的矛盾。我将我的清醒安放在否定它的东西中。在人类被压垮之际，我颂扬人类，而我的自由、反抗和激情都汇聚在这张力、这洞察力和这过度的重复中。

是的，人就是他自己的结局，是他自己唯一的结局。如果他想成为某种东西，那也是在这生命中。现在，我终于知道了这一点。征服者有时会谈到胜利，战胜。但是他们想说的都是“自我战胜”。你们很清楚这意味着什么。在某些时候，任何一个人都会觉得他和某个神应该是平等的。至少，我们都这么说。但是这一刻如闪电一般，只是在人突然觉出人类精神的伟大之时。征服者，相较于其他人，就是那些能够感受到自己的力量，以便让自己持续地生活在这样的高度上，并且对这一伟大有充分认识的人。这多多少少就是一个算术问题。征服者能够尽其所能。但是他无法超越人本身，只要后者是这么想的。这就是为什么，征服者从来不可能离开人类的熔炉，他们总是怀揣一颗最炽热的革命的灵魂。

在人类的熔炉里，征服者会遇到残缺的造物，但他们也会遇到他们唯一钟爱、欣赏的价值，即人与人的沉默。这既是他们的贫困所在，亦是他们的富有所在。对于他们而言，唯一的奢侈就是人与人的关系。我们如何能不理解，在这脆弱的世界中，人类的一切，而且是仅仅属于人类的一切具有了更加灼人的意义？拉长的脸庞，受到威胁的兄弟情谊，人与人之间如此强烈、如此羞于表达的友谊，这些都是真正的财富，因为它们是可能会消失的。正是它们使得精神能够最好地感受到自己的力量和界限，能够感受到自身的有效性。有人会说天赋。但是天赋这词可能太轻易了，我更喜欢说智慧。必须说的是，智慧能够如此美妙。

它可以照亮、统治这片荒漠。它知道自身的奴性，并且加以揭示。它与身体一同死去。但是知道这一点，这就是智慧的自由所在。

*　*　*

我们并不是不知道，所有的教堂都是和我们作对的。一颗如此紧张的心自然回避永恒，而所有的教会，无论是宗教意义的还是政治意义的，都倾向于永恒。幸福和勇气，回报或正义，这些对于形形色色的教会来说只是次要目的。这只是它们提出的一种理论而已，需要的是赞同。但是我无意于理论，也无意于永恒。适合我的真理，都是可以触摸得到的。我不能与之分离。这就是为什么，你们不能指望我什么：一个征服者身上没有什么是延续的，甚至他的理论也不能够。

这一切的尽头无论如何都是死亡。我们很清楚这一点。我们也很清楚，死亡会终结一切。这就是为什么，纠缠着我们之中一些人的、遍布欧洲的墓地如此丑陋。我们只会对我们热爱之物进行美化，死亡却让我们感到厌恶，让我们烦恼。它也是需要被征服的。在因鼠疫而沦为一座空城的帕多瓦城，最后一个遭到威尼斯人围攻的卡拉拉族人大叫着跑遍了空无一人的宫殿：他在呼唤魔鬼，只求一死。这是一种战胜死亡的方式。而在西方，这同时也是一种勇气的标志，将死神自认为受到尊崇的地方变得如此可怕。在反抗者的世界里，是死亡激起了不公正。死亡就是最过度的不公正。

其他人也没有妥协，他们选择了永恒，揭露这个世界的幻象。他们的坟墓在花香鸟语中微笑。这非常适合征服者，让他看清楚他所拒斥的东西究竟是怎样的一幅画面。可他正相反，他选择了黑铁的围栅或是无名的壕沟。在如此这般能与死亡的图景共生的精神面前，最优秀的永恒之人有时会因为崇敬和怜悯而感到战栗。然而前者却从中汲取力量，找到了他们的合法性。我们的命运就摆在我们自己面前，我们挑战的就是自己的命运。不是出于骄傲，而是因为清醒地意识到超出我们可控范围的生存条件。我们有时也会对自己产生怜悯之心。这是我们觉得唯一可以接受的同情；在您看来这种情感几乎无法理解，没有一点阳刚之气。然而我们当中最勇敢的人才有这样的体会。我们觉得清醒的人才可以被称得上是阳刚，力量不应该脱离清醒。

*　*　*

我再一次申明，这些场景无关道德，也并不能从中得出任何判断：就仅仅是画面而已。它们所展现的只是一种生活方式。情人、演员或是冒险家，他们在表现荒诞。但是他们只要愿意，也可以是慈善家、公务员或是共和国总统。只需要清楚，不再遮遮掩掩。在意大利的博物馆里，我们有时能看到那种彩绘的小幕布，神父用它来遮住绞刑架。各种形式的跳跃，冲向神圣或是永恒，投入到日常生活或是某种思想的幻想中，这些小幕布遮掩的就是荒诞。但是有些公务员就不用这样的小幕布，我想谈论的是他们。

我选择一些最为极端的例子。在这层意义上，荒诞给了他们某种皇室一般的权利。的确，他们都是些没有王国的王子。但是相较于别人，他们的优势就在于，他们知道所有的王国最终归于虚幻。他们知道，这就是自己的伟大之处，别人再说什么他们隐藏了不幸，只留下幻灭的灰烬，对他们而言都无所谓。被剥夺了希望，并不意味着绝望。尘世间的火焰与天堂里的香氛具有同样的价值。包括我在内的任何人都不能对他们做出评判。他们并不想要做最优秀的人，只是想要做一个前后一致的人。如果“智者”

一词指的是那类只寄希望于自己所有的，而不把赌注押在虚无之物上的人，那他们就是智者。他们当中有一个是比任何人都清楚的，他是精神上的征服者，知识领域的唐璜，智慧层面的演员，他说："如果我们想要如绵羊般温情脉脉，甚至到了无懈可击的地步，那我们就不配在这世间、在天堂中享有任何特权：因为我们至多不过是头上长着犄角的可笑的小绵羊，仅此而已，并且还不能虚荣至死，还不能因颐指气使的判官态度招来什么丑闻。"

无论如何，我们必须恢复荒诞推理的热情面貌。想象力就可以增添很多这样的面貌，那些被时间和流亡捆住手脚的人，他们也知道如何在一个没有未来和弱点的世界中生活。这个荒诞的、无神的世界里居住着清醒的、不再希望的人。而我还没有谈到这当中最为荒诞的一个，即创造者。

一个人，往往不是靠他所说的东西成为一个真正的人，而更是通过他不说的东西。

我之所以会记录那么多的个体，就只是因为个体在我看来是微不足道的、受侮辱的。

在历史与永恒之间，我选择历史，因为我喜欢确定的东西。至少，对于历史我是确认的，我又如何能够否认这份压垮我的力量。

要么与时间共存，随着它一起死去，要么摆脱它，寻求一种更为伟大的生活。

在人类被压垮之际，我颂扬人类，而我的自由、反抗和激情都汇聚在这张力、这洞察力和这过度的重复中。

我无意于理论，也无意于永恒。适合我的真理，都是可以触摸得到的。

被剥夺了希望，并不意味着绝望。尘世间的火焰与天堂里的香氛具有同样的价值。

作者注

i：引诱者在这里取其全部的意义，也包含其缺陷。一种健康的态度也有其缺陷。

ii：我想到的是莫里哀笔下的阿尔切斯特（Alceste）。一切都是那么简单，那么显而易见，那么通俗。阿尔切斯特与菲林特（Philinte）之间的对立，色丽曼娜（Célimène）与埃兰特（Elianthe）之间的对立，整个主题都沉浸在匆匆迈向结局的荒诞结局里，而此中的诗句，“蹩脚的诗句”，节奏乏善可陈，正如人物单调的性格。

荒诞的创造

哲学与小说

> 生活和思考一样，都是值得经历的。

在荒诞之地稀薄的空气中存活的生命，如果不是凭借一种深刻而持续的思想来激励，这些生命就难以为继。这里甚至只能是一种特别的忠实情感。我们看到，有一些人，在战争时期的一群蠢人中间清醒地完成自己的使命，而且并不认为自己身处矛盾之中。这是因为不能回避任何东西。因此有一种可以支撑世界荒诞性的形而上的幸福。征服或是游戏，不计其数的爱情，荒诞的反抗，这些都是人在注定要被战胜的战役中，向自己的尊严致以敬意。

因而这只是遵守战斗规则的问题。这一思想本也足以滋养一种精神：它可以支撑完整的文明。我们并不否定战争。要么为之死，要么倚之生。对于荒诞也是一样：就是与之同命运共呼吸；承认它给我们带来的教益，重新找回它的血肉。从这个角度来说，荒诞最为典型的快乐就是创造。“艺术，只有艺术，”尼采说，“我们拥有艺术，因此可以不再为真理而死。”

在我试图描绘，并且通过不同方式让人感受的经验中，可以肯定的是，总是一种痛苦泯灭了，另一种痛苦才会突然出现。对忘却的幼稚期待，对满足的呼唤，这一切都毫无回音。而让人面对世界的这份永恒的张力，让人趋于拥抱一切的恪守秩序的疯狂，却给人留下了另一种疯狂。在这个世界里，作品是唯一维持意识，并且将冒险固定下来的机会。创造，就是活过两次。普鲁斯特探索性的、充满焦虑的追求，他对鲜花、地毯以及恐惧的细致描绘，这一切都不意味着别的，而是活过两次。同时，这种创造却也并不比演员、征服者以及一切荒诞之人每天所投入的持续的、无法估算的创造更加有意义。创造也是在试图模仿、重复和重建属于他们的现时。我们最终都会看到真理的面目。对于脱离了永恒的人来说，存在就只是在荒诞面具下的无度的模仿。创造，就是最大的模仿。

首先，这些人明白，其次，他们所有的努力都在于穿越、扩大和丰富这座他们才登陆的没有未来的岛屿。但是首先我们必须明白。因为荒诞的发现正是未来的激情产生并且得到合法化的那段停滞的时间。即便没有福音的人也会有他们的橄榄山[1]。而荒诞之人在他们的橄榄山上也不能睡着。对于荒诞之人来说，问题不是要解释和解决，而是体验和描绘。一切都始于清醒的冷漠。

描绘，这是荒诞思想最后的野心。科学也是一样，在抵达其悖论的终点之时，不再提供任何建议，而是停下来欣赏、描绘现象未经开发的风景。因此，心灵教会我们，这一将我们带到世界不同面貌的激情并不是来自世界的深度，而是来自世界的丰富性。解释是徒劳的，但是感觉仍在，而伴随着感觉的，是对一个在数量上取之不竭的世界的不断呼唤。我们因而理解了艺术作品的地位。

艺术作品标志着一种经验的死亡和繁衍。它是对由这个世界组织好的一些主题单调但充满激情的重复：身体、寺庙三角楣上取之不竭的图像，还有形状或是色彩，数量或是悲伤。最终在造物主美妙而纯质的世界里重新找回本文的重要主题并非无关紧要。如果我们把艺术作品看作是某种象征，或是相信艺术作品最终可以被看作是荒诞的避

1 橄榄山，耶路撒冷的宗教圣地，耶稣曾经布道的地方，周围遍植橄榄木。

处，那就大错特错了。因为它本身就是荒诞的现象，是荒诞的描述罢了。艺术作品不能够为精神的痛苦提供出口。恰恰相反，它就是在人的思想中回响的痛苦的指征之一。但是它第一次让精神跳出自身，将后者置于别人的面前，不是为了使其迷失方向，而是为了给它指明一条没有出口但汇集了众生的道路。在荒诞推理的时刻，创造跟随的是置之度外和发现。它标志着荒诞的情感纷纷往前冲的那一点，就在那一点上，理性停下了脚步。创造在本文中的重要地位也因此有了解释。

只需要看一眼创造者和思想者共有的几个主题，我们就能在艺术作品中找到荒诞思想的所有悖论。事实上，与其说荒诞思想和艺术创作有着让两种智慧更为接近的结论，还不如说它们有着相同的矛盾。思想和创造也是一样。我几乎不需要说，是同一种痛苦让人采取了这些态度。正因为如此，开始时两者是十分相似的。但是，基于荒诞的所有思想中，鲜有能够坚持下去的。有了差距和不一贯，我就能够做出判断，知道哪些是只属于荒诞的。同时，我应该问自己：一部荒诞作品是可能的吗？

* * *

也许我们不能太坚持艺术与哲学之间的古老对立的武断性。如果我们是从过于严格的意义上来说这一点，这肯定是错的。如果我们要说只是每个学科各有其独特的环境，那这样说也许是对的，只是有点模糊。唯一可以接受的论据在于一个**关在**自己体系里的哲学家与一个**面对**其作品的艺术家之间存在的矛盾。但这样说，只是对于某种形式的艺术和哲学才行之有效，而在这里，我们认为这一类的艺术和哲学是次要的。所谓摆脱其创造者的艺术不仅仅是过时的，而且是错的。和艺术家不同，我们总是强调，没有一个哲学家拥有好几个体系。如果这话没错，那同样，没有一个艺术家讲的不是同一个东西，虽然其形式有可能千变万化。艺术只有在瞬间抵达的完美，它必须不断翻新云云，不过是一种偏见罢了。因为艺术作品也是一种建构，大家其实都很清楚，那些伟大的创造者总是非常单调。能够与思想家比肩的艺术家总是在介入自己的作品，并在其中发展。这种渗透带来了最重要的审美问题。此外，对于确认精神目的具有一致性的人来说，根本就无所谓方法和对象的差别。人类用于理解和爱的学科之间没有界限。这些学科彼此融入，同样的恐惧使得它们彼此混同。

在开始时讲清楚这一点很有必要。为了让一部荒诞作品有可能形成，思想必须以其最为清醒的方式参与其中。但同时，除了支配性的智慧之外，它又不能以其他的方式显现。这一悖论可以通过荒诞得到解释。艺术作品诞生于智慧放弃引导具体事物之时，它标志着肉身的胜利。这是清醒的思想所引导的，但就在这一行为发生之时，清醒的思想放弃了自身。它不会屈从于将更深的意义叠加在描述之上的诱惑，因为它知道这是不合理的。艺术作品表现智慧的剧情，但只能以间接的方式。荒诞作品要求一个艺术家能够意识到这些界限，它所要求的艺术是那种具体的事物，除了自身，不具有任何其他意义的艺术。它不能成为生活的目的、意义或是慰藉。创造，或是不创造，这改变不了什么。一个荒诞创造者不会过于看重自己的作品。他可能会放弃；有时他真的放弃了。有一个阿比西尼亚[1]就

1 阿比西尼亚，非洲埃塞俄比亚的旧称。兰波放弃诗歌之后，曾前往非洲经商，在1890年前后，巴黎的诗人在阿比西尼亚找到了他，欣喜若狂，以为他会重返诗坛。但兰波返回法国不久后即病逝。这里隐喻兰波的放弃，亦即对艺术的放弃。

够了。

我们从中可以看到一种美学的规则。真正的艺术作品始终合乎人的尺度，是那类说得“少”的作品。在一个艺术家的总体经验和反映其总体经验的作品之间，在《威廉·迈斯特》和歌德的成熟之间，总存在着某种关系。但是，如果作品想要将经验一股脑儿地倾泻在一种解释文学的花边纸上，这种关系就会是有害的了。而如果作品只是从经验中裁剪的一块，是内在光芒凝聚而无限的钻石的一面，这种关系就是有益的。在第一种情况下，作品负载过重，而且有对永恒的向往。而在第二种情况下，因为经验是暗指的，我们只能猜测到其中的丰富性，因而作品也具有无穷的丰富性。对荒诞艺术家来说，关键在于如何获取超越专业技能的处世智慧。一句话，浸淫在这种氛围中的伟大艺术家首先是一个非常懂得生活的人，他已经明白，生活和思考一样，都是值得经历的。因此，作品是智慧戏剧的化身。荒诞作品展现的是放弃思想的权威性，心甘情愿地成为完成表象，且将没有理性的一切事物覆满形象的智慧。如果说世界是清晰的，艺术也许不是。

我所说的并不是形式或是色彩的艺术，这类艺术唯一看重的是简朴却灿烂的描述[i]。表述始于思想结束之时。这些遍布在庙宇与博物馆的眼神空茫的少年，我们把他们的哲学变成了行动。对于荒诞之人，这种哲学要比所有的图书馆都富有教益。就另一个方面而言，它和音乐是一样的。如果说，有一种艺术被去除了规训的意味，那就是音乐这种艺术。音乐与数学如此相像，以至于不得不借用了数学的无动机性（gratuité）。这一与自身的精神游戏依据事先约定的、节制的规则，在我们这个有声的空间里展开，而在这个空间之外，振动在一个非人的世界里汇聚。再也没有比这个更为纯粹的感觉了。这些例子很容易找到。荒诞之人承认，这样的和谐与形式都是自己所拥有的。

但是我在这里，想谈到一种作品，这种作品包含了最大的解释的企图，它给了自己幻想，并且几乎不缺乏结论。我想要说的是小说创作。我在想，荒诞是否能在小说创作里继续下去。

* * *

思想，首先是想要建立一个世界（或是限定自己的世界，这是一回事），是从将人与他的经验分离开来的本质性的分歧出发，凭借怀念，找到一方一致的领地，一个被理性框定的世界，或是用一连串可以解决让人无法忍受的分歧的类比来解释的世界。一个哲学家，即便是像康德这样的哲学家，也是一个创造者。他有自己的角色、象征和秘密行动。他有自己的结局。相反，尽管表面上看起来不是这样，走到诗歌与随笔前方的小说展现的却只是艺术的智性化过程。我们在这一点上要说清楚，这里涉及的只是最伟大的小说。某一体裁的丰富性和伟大性往往只能够通过其遗留的残渣来进行判断。尽管糟糕的小说不计其数，但这并不能使我们忘记优秀小说的伟大。优秀的小说自成宇宙。小说有它的逻辑、推理、直觉和假设。它也有对清晰的要求[ii]。

在这一特殊情形下，我在上文提到过的艺术与哲学的古老对立似乎更没什么合理性。只有在我们很容易将哲学与其作者区分开来的时代，它是有效的。今天，思想不再图谋普适性，而更青睐追悔的历史，我们于是知道，如果某个思想体系行之有效，那它与它的作者是分不开的。从某种意义上说，《伦理学》[1]只是逻辑严密的长篇告白而已。

---

1 《伦理学》，斯宾诺莎（Benedictus Spinoza，1632—1677）的哲学著作。

抽象的思想终于与有血有肉的载体连接在一起。同样，建立在肉身与情感之上的小说游戏则依据某种世界观变得更加井然有序了。我们不再讲“故事”，而是建立自己的世界。最伟大的小说家都是哲学意义上的小说家，与那种只知道陈述观点的作家正相反。像巴尔扎克、萨德、梅尔维尔、司汤达、陀思妥耶夫斯基、普鲁斯特、马尔罗、卡夫卡等等就是这样。

但是，他们做出的选择是用形象，而不是用推理来写作，这种选择揭示了他们共同的某种思想，即认为一切解释的原则都是无用的，只有敏锐的表象传递了富有教益的信息。他们把作品看作是结束，同时也看作是起点。作品是未经表述的某种哲学的完成，是它的展现和圆满。但只有通过这种哲学的非直接表述，作品才能是完整的。它终于使得这一古老主题的变化趋于合理，即少许思想便远离了生活，而许多思想则又回到了生活。思想无法使现实变得崇高，于是便停止了对它的模仿。这里谈到的小说就是一种认知工具，这种认知既是相对的，也是无法穷尽的，与我们对爱的认知何其相似。对于爱情，小说创作有着原初的迷醉和丰富的反刍。

* * *

这至少是我开始时所承认的小说创作的魅力。但相同的魅力，我曾在被侮辱的思想的王者身上也能够感受到，而且接下来我就看到他们自杀身亡。我感兴趣的，正是知晓和描绘将他们带向同样的幻灭的共同道路。我用的还会是同一种方法。因为使用过，这样就能够缩短我的推理过程，不必费时用一个确切的例子进行概括。我想要知道，接受了义无反顾的生活之后，人们是否能够默许义无反顾的工作与创造，而通往这些自由的道路又究竟是怎样的。我希望我的世界不再为这些幽灵所纠缠，希望我的世界里只有鲜活的、我不能否定其存在的真相。我可以完成荒诞的作品，选择创造的态度，而不是别的。但是一种荒诞的态度，如果想要保持住，就必须始终意识到它的无动机性。作品也是一样。如果荒诞的戒律没有得到尊重，如果它没有展现分歧与反抗，如果它迎合幻想，挑起希望，它就不再是无动机的了。我就无法摆脱它。我的生活可以从中找到一种意义：这是可笑的。它就不再是这样一种超然和激情的练习，而这种练习消耗的是人之生命的灿烂与无用。

在创造中，解释的诱惑是极为强烈的，我们能否抵御这种诱惑？在虚构的世界里，对真实世界的意识极为强烈，我是否还能够忠实于荒诞，而不去迎合得出某种结论的愿望？在最后的努力中，我们面临同样多的问题。我们已经明白这些问题都意味着什么。这是意识最后的犹疑，害怕因为最后的幻想而放弃最初的、来之不易的教训。创造被看作是对荒诞有清醒意识的人的一种可能的态度，对于创造来说有价值的东西，对于人具有的所有生活方式而言也都有价值。征服者也罢，演员也罢，创造者也罢，唐璜也罢，他们都可能会忘记，如果没有意识到这种生活方式的非正常之处，也就不可能将这种生活方式继续下去。我们很快就会习惯。我们想要挣钱，这样就能活得更加幸福，于是所有的努力、生活中最好的东西都集中在了如何获取金钱上。幸福本身被忘却了，手段被当成了目的。同样，征服者的所有努力都偏离到他的野心上，而野心不过是通向更盛大的生命的道路而已。唐璜也默许了他的命运，满足于这种只有通过反抗才能证明其伟大的存在方式。对于征服者来说，是意识，而对于唐璜来说，是反抗，在两种情形下，荒诞都消失了。在人的内心有如此坚韧的希望，即便是最为真实的人有时也会默许幻想。这份默许出于安宁的需要，是存在意愿的内在的兄弟。因此，既有光明之神，也有泥塑的偶像。这是一条中间道路，通向我们所寻求的人的面目。

到现在为止，还是荒诞要求的失败最好地解释了何为荒诞。同样，我们只要警醒，小说创造也和某些哲学一样，提供的是同样含糊不清的知识，这已足够。我可以选择一部汇聚了一切荒诞意识标识的作品来展现它，关键是起点要明确，环境要清楚。它的结果会对我们有教益。如果荒诞没有得到尊重，我们就会知道幻想究竟是通过什么渠道被引入的。一个具体的例子，一个主题，一种创造者的忠诚，这一切便是足够。同样的分析我们先前已经详尽地做过。

我会考察陀思妥耶夫斯基偏爱的一个主题。我本可以研究其他作品[iii]。但是用这部作品，就伟大和激情而言，问题将会直接得到呈现，就像对于我们先前谈及的存在主义思想一样。这种平行的展开有利于我的研究。

创造，就是活过两次。

对于荒诞之人来说，问题不是要解释和解决，而是体验和描绘。一切都始于清醒的冷漠。

艺术作品诞生于智慧放弃引导具体事物之时，它标志着肉身的胜利。

荒诞作品展现的是放弃思想的权威性，心甘情愿地成为完成表象，且将没有理性的一切事物覆满形象的智慧。

如果说，有一种艺术被去除了规训的意味，那就是音乐这种艺术。音乐与数学如此相像，以至于不得不借用了数学的无动机性。

我想要知道，接受了义无反顾的生活之后，人们是否能够默许义无反顾的工作与创造，而通往这些自由的道路又究竟是怎样的。

基里洛夫

> 杀死上帝，就是成为神本身。

陀思妥耶夫斯基笔下的所有主人公都在追问生命的意义。他们的现代性就在于此：他们不担心可笑的问题。现代的敏感性与古典的敏感性的区别就在于，后者关心的是伦理问题，而前者关心的是形而上的问题。在陀思妥耶夫斯基的小说中，问题以如此强烈的方式提出，以至于问题只能有极端的解决方式。存在要么是谎言，要么就是永恒的。如果陀思妥耶夫斯基只是满足于这样的检验，那他就会是一个哲学家。但是他展现了这类精神游戏对一个人的生活产生的影响和后果，正是基于此，他是一个艺术家。而在众多的后果中，最后一种尤其受到他的关注，亦即他在《作家日记》中所称的逻辑的自杀。在 1876 年 12 月出版的那一册日记中，他的确想象了“逻辑的自杀”的推理过程。他认为，对于不相信不朽的人来说，人的存在是完完全全的荒诞，于是绝望的人就得到了以下的结论：

> 既然对于我来说，关于幸福的问题，我的意识向我回答说，我只有和这伟大的整体是和谐一致的，我才能够幸福，我不能够设想，而且我永远也不能处在设想的状态，这是显而易见的……
>
> ……最后，既然按照规定，我同时承担原告和担保人的角色，被告和法官的角色，既然我觉得自然呈现的戏剧如此愚蠢，我觉得哪怕是接受演出对我而言都是一种侮辱……
>
> 我以无可争议的原告和担保人、被告和法官的身份判定，恬不知耻、毫无顾忌的自然之所以让我生，就是为了让我承受痛苦——我判处它与我一起毁灭。

在这立场中还有一点幽默的意味。这位自杀者之所以自杀，是因为从形而上的层面来说，他被**激怒**了，在某种程度上，他是在报复。这是证明这世界不会“拥有他”的一种方式。但是我们都知道，在《群魔》的人物基里诺夫身上，同样的主题得到了更为宏阔的展现，他也是逻辑的自杀的支持者。工程师基里洛夫在某处宣称要剥夺自己的生命，因为“这是他的想法”。我们应该从这个词的字面意义来理解。他是为了某种想法、某种思想而投身死亡。这是高级的自杀。渐渐地，在舞台上，基里洛夫的面具逐渐被揭开，鼓舞着他求死的想法呈现在我们面前。工程师实际上袭用了《作家日记》中的推理过程。他觉得上帝是必要的，上帝应该存在。但是他知道，上帝并不存在，而且不可能存在。“你怎么能不明白，”他叫道，“要自杀，这个理由就已经足够?”这种态度也在他身上造成了一些荒诞的后果。他无动于衷地接受别人利用他的自杀来服务于他蔑视的事业。“从今天夜里开始，我做出决定，这对我来说无所谓。”他于是在一种掺杂着反抗和自由的情感中，开始准备他的行动。“我自杀，是为了证明我不从属于任何东西，是为了证明我全新的、可怕的自由。”这里不再是一种报复，而是反抗。因而基里洛夫是一个荒诞人物，然而他还是在关键问题上，即自杀的问题上有所保留。他本人恰恰解释了这一矛盾，同时揭示了最为纯粹的荒诞的秘密。的确，在求死的逻辑之上，他增加了一种非同寻常的野心，这就使得人物获得了一种完整的观点：他要通过死成为神。

推理的过程具有古典意义的清晰。如果上帝不存在，基里洛夫就是神。如果上帝不存在，基里洛夫就应该自杀。

因此基里洛夫自杀是为了成为神。这一逻辑是荒诞的，但又是必须的。有趣的地方在于赋予这份回到大地上的神性以意义。这就又回到了对前提的阐释上：“如果上帝不存在，我就是神。”而这个前提依然晦涩。我们应该首先注意到，宣告这个疯狂想法的人是这尘世之人。每天早上，他都做体操锻炼身体。他为沙托夫重新找回妻子的喜悦而感动。他死后，人们找到他的一张纸，上面画着一个向“他们”伸出舌头的鬼脸。他稚气，易怒，充满激情，有条不紊，还很敏感。如果说他是超人，他只具备超人的逻辑和固定观念，却具有普通人的所有特征。但他平静地谈起自己的神性。他并不是疯子，陀思妥耶夫斯基也不是疯子。并非他的狂妄自大造成了他的激动不安。这一次，如果按照字面意义来理解，那就不免可笑了。

基里洛夫本人帮助我们更好地理解了这一点。在斯塔夫罗金的问题上，他明确道，他所说的并不是“神-人”。我们或许会想，他这是有意区别于基督。但实际上他是要加上一条。基里洛夫想过，耶稣死时并**没有回到天堂**。耶稣于是很清楚，他遭受的折磨都是徒劳。工程师说：“自然法则使得基督在谎言中生活，并为了谎言而死去。”只有在这个意义上，基督体现了整个人类的悲剧。基督是“完人”，因为他让最为荒诞的状况成为现实。他不是“神-人”，而是“人-神”。我们每个人在某种程度上都和他一样，可以被钉在十字架上，遭受欺骗。

因此这里所涉及的神性是尘世意义的。“我找寻了三年，”基里洛夫说，“我一直在找寻我的神性特征，我找到了。我的神性特征，就是独立。”我们自此可以明白基里洛夫的前提是什么：“如果上帝不存在，我就是神。”成为神，就是在这尘世间获取自由，不用服务于某个不朽的存在。当然，所谓的成为神，就是从这痛苦的独立中得出所有的结果。如果上帝存在，那么一切都取决于上帝，我们也无法违背上帝的意志。如果上帝不存在，一切则取决于我们。和尼采一样，对于基里洛夫来说，杀死上帝，就是成为神本身，是在这尘世中实现《福音书》中所说的永恒的生活[iv]。

但是，如果这形而上的罪恶对于人的最终完成已是足够，为什么还要加上自杀？为什么要自杀，为什么在获取自由之后要离开这世界？这不无矛盾。基里洛夫很清楚，于是他又接着说道：“如果你能感受到这一点，你就是一个独裁者，根本不会自杀，你会生活在荣耀的巅峰。”但是人们不知道。他们不知道“这一点”。就像在普罗米修斯的时代，人们在自己心中孕育着盲目的希望[v]。他们需要有人为他们指明道路，无法摆脱说教。因此，出于对人类的爱，基里洛夫必须自杀。他要为他的兄弟们指明一条艰难的康庄大道，他是这道上的第一人。因而这是富有教育意义的自杀。基里洛夫做出的是一种自我牺牲。但是如果说他也上了十字架，他却并没有被欺骗。他仍然是“人-神”，知道这是没有未来的死亡，沉浸在福音的悲伤中。他说：“我，我是不幸的，因为我**不得不**肯定我的自由。”但是他死了，人们终于明白，这片土地上住满了独裁者，同时将闪耀着人性的光辉。基里洛夫的一枪是终极革命的信号。因此，将他推向死亡的不是绝望，而是邻人对他的爱。在血泊中结束精神难以形容的冒险之前，基里洛夫说了一句和人类的痛苦一样古老的话：“一切都很好。”

因而，在陀思妥耶夫斯基笔下，自杀的主题就是一个荒诞主题。在更深入之前，我们只需要指出，基里洛夫也在其他人物身上获得了新生，而这些人物又带入了新的荒诞主题。斯塔夫罗金和伊凡·卡拉马佐夫在生活实践中都运用了荒诞真理。基里洛夫的死解放了他们。他们尝试着成为独裁者。斯塔夫罗金过着一种“讽刺的”生活，我们很清楚这是什么。他挑起了周围人的仇恨。然而，这个人物的关键词在他的告别信中：“我再也没有什么可憎恶的了。”他在冷漠中成为独裁者。伊凡在拒绝废除精神的至高权力时也成为一个独裁者。对于那些诸如他哥哥那样通过生活证明只有卑躬屈膝才能成就信仰的人来说，他可能的回答是，人类的状况不配。他的关键词就是“一切皆被许可”，只需一点合适的悲伤。当然，他和上帝最著名的杀手之一尼采一样，最后也坠入了疯狂。但这是必须冒的险，而在这些悲剧性的结局前，荒诞精神最重要的动作就是探问：“这究竟证明了什么？”

＊　＊　＊

因此，小说和《作家日记》一样，提出了荒诞问题。小说建立了直至死亡的逻辑，还有亢奋，“可怕的”自由，变得具有人性光辉的独裁者的光荣。一切都很好，一切皆被许可，没有什么可憎恶的：这些就是荒诞的判断。但这是多么神奇的创造啊，所有这些如火如冰的人物在我们看来是那么可亲！他们内心咆哮着的冷漠在我们看来一点也不可怕，这是一个充满激情的世界。我们从中发现了我们日常的恐惧。也许，再也没有人能像陀思妥耶夫斯基那样，赋予荒诞世界以如此亲切又如此折磨人的魅力。

然而，他的结论是什么？两段引文可以证明这条形而上学的倒转之路将作家引向了其他的启示。逻辑自杀者的推理引起了批评界的一些异议，陀思妥耶夫斯基在后来出版的《作家日记》中进一步说明了他的立场，并做出这样的结论："如果不朽的信念对于人的存在来说如此不可或缺（以至于因为缺乏这一信念，他要自杀），这是因为不朽的信念是人的常态。既然如此，人的灵魂的不朽是毫无疑义的。"另一处是在陀思妥耶夫斯基最后一部小说的最后几页，在和上帝的殊死搏斗行将终结之际，孩子们问阿廖沙："卡拉马佐夫，宗教说的都是真的吗，说我们会复活，说我们还会见面的，是吗？"阿廖沙回答说："当然，我们会再见面的，我们会开心地聊起过去的一切。"

这样，基里洛夫、斯塔夫罗金和伊凡都被打败了。《卡拉马佐夫兄弟》对《群魔》做出了回答。这的确是个结论。阿廖沙的情况不像梅诗金公爵一样模糊。因为生病，梅诗金公爵永远都生活在现时之中，带着微笑和淡漠，而这一真福者的状态可以成为公爵所说的永恒的生活。阿廖沙正相反，他说得很好："我们会再见面的。"于是不再是自杀和疯狂的问题。对于一个坚信不朽及其快乐的人来说，还有什么好说的呢？人用他的神性来换取幸福。“我们会开心地聊起过去的一切。”于是，基里洛夫在俄国某地开了一枪，但是世界还继续维持着盲目的希望。人们并没有明白“这一点”。

因此，和我们交谈的并不是一位荒诞小说家，而是一位存在主义小说家。这里，跳跃依旧是感人的，赋予了给我们带来灵感的艺术以某种伟大之处。这是一种认同，既是感人的，也是揉进了疑问的、不确切的、炽热的。在谈到《卡拉马佐夫兄弟》的时候，陀思妥耶夫斯基写道：“这部书的所有部分将要谈到的关键问题，是我在有意识或无意识间被折磨了一生的问题：上帝的存在。”很难相信，一部小说便足以将一生的痛苦转化为快乐的确认。有位评论家[vi]正确地指出：陀思妥耶夫斯基和伊凡在某些方面是一致的——《卡拉马佐夫兄弟》中那些肯定的段落花费了他三个月的时间，而他称之为“渎神”的那些话却在兴奋中只用了三个星期的时间就完成了。他笔下的所有人物，没有一个不是肉中带刺，没有一个不是在不断刺激这根刺，没有一个不是在这根刺带来的感觉或者不道德中寻求解药[vii]。我们还是在这一点疑问上打住吧。就是这样一部作品，在一种比日光还要强烈的明暗光线中，我们可以抓住人与其希望之间的斗争。到了最后，创造者选择反对他的人物。这一矛盾让我们得以引入这一区分。这并不是一部荒诞作品，而是一部提出荒诞问题的作品。

陀思妥耶夫斯基的回答是一种侮辱，亦即斯塔夫罗金所说的“耻辱”。一部荒诞作品正相反，不会提供答案，这就是差别。让我们在结尾之际牢记这一点：在这部作品中，与荒诞相悖的，并不是作品的基督教特性，而是对于来世生命的宣告。我们可以既是基督教徒，同时也是荒诞之人。我们有这样的例子，有一些基督教徒就不相信来世的生命。因此，就艺术作品而言，我们有可能将我们在前面预感到的某一个荒诞分析的方向确定下来。这个方向会让我们提出“福音书的荒诞性”的问题。它会阐释这个想法，非常丰富，充满活力，即便非常确定也不能排除怀疑。但是，我们看得很清楚，熟悉这些道路的《群魔》的作者最终却选择了一条完全不同的道路。创造者对于人物的惊人回答，陀思妥耶夫斯基对于基里洛夫的惊人回答可以这样来概括：存在是骗人的，**同时，**它也是永恒的。

成为神，就是在这尘世间获取自由，不用服务于某个不朽的存在。

如果上帝存在，那么一切都取决于上帝，我们也无法违背上帝的意志。如果上帝不存在，一切则取决于我们。和尼采一样，对于基里洛夫来说，杀死上帝，就是成为神本身。

再也没有人能像陀思妥耶夫斯基那样，赋予荒诞世界以如此亲切又如此折磨人的魅力。

他笔下的所有人物，没有一个不是肉中带刺，没有一个不是在不断刺激这根刺，没有一个不是在这根刺带来的感觉或者不道德中寻求解药。

没有明天的创造

> 反抗、自由和多样性。

于是，我发现我们不可能永远回避希望，即便那些一心要摆脱希望的人，也总是被希望纠缠着。这也是我到现在为止所谈到的那些作品有意义的地方。我至少可以按照创作顺序，一一列举某些真正的荒诞作品[viii]。但这一切需要一个开头。本文研究的对象是某种忠诚。教会之所以如此残酷地对待异教徒，是因为它觉得再也没有比一个迷失的孩子更加糟糕的敌人。但是，对于建立正统教派的教义来说，诺斯替教派的勇气和摩尼教派的坚持要比所有的祈祷都要管用。相对而言，荒诞也是一样。通过发现远离它的路径，我们可以辨认出它的路径。在荒诞推理的最后，在受到它的逻辑支配的某种态度中，能够重新找回以最为动人的面容出现的希望，也并非无关紧要。这可以说明荒诞的苦行有多么艰难，也尤其说明我们非常有必要不断地维持某种意识，回到本文的范畴中来。

但如果说，现在还不是列举这些荒诞作品的时候，我们至少可以就创造的态度下结论，而创造的态度能够填补荒诞的存在。只有反向的思维才能很好地为艺术服务。就像黑之于白的重要性一样，反向思维隐晦的、谦卑的步骤对于一部伟大作品的智慧来说也同样重要。“不为了任何东西”而工作和创造，用陶土雕塑，知道创造没有未来，看到作品在一天之间被摧毁，而且清醒地、深刻地意识到，世代相传也并没有那么重要，这才是荒诞思想所许可的艰难的智慧。同时执行这两种任务，一面是否定，另一面是激励，这是在荒诞创造者的眼前展开的道路。应该将色彩赋予虚无。

这样我们就得到了关于艺术作品的独特的概念。我们经常将某位创造者的作品看成是一连串并不相关的见证。我们这是混淆了艺术家和文人。一种深邃的思想总是在不断的变化中，不断与生活的经验相联系，并且从中得到锻造。同样，一个人的独特创造也会在他不同面貌的系列作品中得到加强。一些作品成为另一些作品的补充，修订，补足，有时也会和它们唱反调。如果有什么东西终结了创造，并不是盲目的艺术家胜利而虚幻的叫声，说“我已经说尽了”，而是艺术家的死亡，他关闭了自己的经验，关上了这本独特的天赋之书。

读者并不见得会从作品中读到这一努力，这一超人的意识。在人类的创造中没有神秘可言。是意愿造就了奇迹。但是至少，没有秘密，就没有真正的创造。也许一系列的作品就只是同一种思想的一系列呈现。但是我们可以想象另一类的创造者，他们通过并置来进行创造。他们的作品彼此之间可能看上去没有什么联系。在某种意义上，作品甚至是彼此矛盾的。然而，把它们放入整体之中，它们则能各归其位。因此，是从死亡中，作品才得到了最后的意义。它们接受作者生命中最为明亮的那一簇光。在这个时刻，一系列作品不过是一系列的失败。但是这些失败保留了同样的回响，创造者知道如何重复自身特有的状况的形象，知道如何保有自己所占有的这不会带来什么的秘密。

在这里，必须为控制付出巨大的努力。但是人类的智慧足以让我们走得更远。它只是证明了创造意愿的一方面。我在别的地方已经得出过结论，说人类意志的唯一目的就在于维持意识。但这离不开纪律。在所有教会我们耐心与明晰的事物中，创造是最为有效的。它也是人类唯一尊严的令人惊愕的证明：对生活状况坚持不懈的反抗，对看上去微不足道的努力的坚持。它要求我们付出日常的努力，对自己有所掌控，能准确地看到真理的界限，要求我们不过度，有力量。它建立了一种克制。这一切“不为了任何东西”，就只是重复和原地踏步。但也许，伟大的艺术作品就其本身而言并不是那么重要，重要的还是它对于一个人接受的考验的要求，它为这个人提供了战胜幽灵、稍微靠近一点赤裸裸的真相的机会。

* * *

我们可别在美学上搞错了。我在这里所说的并不是耐心地为某一主题提供信息，或是围绕某一主题反复进行毫无益处的论述的那类作品。恰恰相反，如果我表达得够清楚。主题小说，那种想要证明什么的主题小说是所有小说中最为可憎的，它往往在某种**自我满足**的思想中汲取灵感，要将自以为掌握的某种真相证明出来。但是这些是我们已经付诸实践的想法（idée），想法与思想（pensée）相反。这样的创造者是可耻的哲学家。我谈到的或是想到的却是清醒的思想者。在某个确切的时刻，思想回到其自身，这些人便树立起自己作品的形象，成为某种有限的、致命的、反叛的思想的明显象征。

这些作品也许能够证明某个东西。但是这些证明，与其说是小说家提供给我们的，还不如说是他们给自己的。关键在于他们在具体之中取得了胜利，这才是他们的伟大之处。这一肉身的胜利是某种思想提前为他们准备的，而抽象的权力曾在这种思想中受尽侮辱。一旦抽象的权力受到彻底的侮辱，肉身便在突然之间让创造发出荒诞之光。反讽的哲学才能创造出激情四溢的作品。

放弃统一的思想是对多样性的颂扬，而多样性正是艺术之地。唯一解放精神的思想是让精神独自游荡的思想，这种思想也对自身的界限和未来的结局有所确认。没有任何一种教条能够要求它这样做。这一思想在等待作品和生命的成熟。离开它之后，作品会再一次发出灵魂的声音，灵魂摆脱了希望，而这声音几乎从未减弱过。又或许，作品并没有让我们听到任何声音，如果创造者已经厌倦了游戏，想要回头。有声音没声音都是一样的。

*　*　*

于是，我对于荒诞创造的要求和我对思想的要求一样，就是反抗、自由和多样性。荒诞创造接着就展现了深刻的无用性。在这日常的努力中，智慧和激情掺杂在一起，彼此激荡，荒诞之人发现了一条纪律，这条纪律此后便成为他所有力量的关键。就这样，必要的认真、坚持和敏锐便和征服的态度连接到了一起。创造，就是赋予命运以一种形式。对于所有这些人物而言，至少可以说，作品对他们的定义和作品被他们定义的程度是差不多的。演员已经告诉了我们这一点：在表象和本质存在之间没有界限。

我们再重复一遍。这一切都不具有真实的意义。在这条自由的道路上，还需要再进一步。这些相似的精神，创造者或是征服者，他们最后的努力就是搞懂如何从他们的事业中解放自我：学会接受作品本身，无论它是征服、是爱还是创造，都可以不存在；这样就是在耗尽个体生命的深刻的无用性。这样一来，他们在完成作品时甚至会感到更轻松，就好像体察到生命的荒诞性让他们能够尽情地投入其中。

剩下的就是命运了，命运的唯一出口是致命的。而在这死亡的唯一宿命之外，一切，欢乐或是幸福，都是自由。世界仍然继续，人是它唯一的主人。束缚人的，是对另一个世界的幻想。人的思想的命运不是自我放弃，而是重新以形象的方式活跃起来。思想在发挥作用，也许是在神话之中，但是神话与人类的痛苦一样深刻，一样无穷无尽。并不是让人觉得有趣、让人变得盲目的神的寓言，而是尘世的面孔、行动和戏剧，这当中凝聚着一种艰难的智慧，一种没有明天的激情。

一种深邃的思想总是在不断的变化中，不断与生活的经验相联系，并且从中得到锻造。

在所有教会我们耐心与明晰的事物中，创造是最为有效的。

伟大的艺术作品就其本身而言并不是那么重要，重要的还是它对于一个人接受的考验的要求，它为这个人提供了战胜幽灵、稍微靠近一点赤裸裸的真相的机会。

那种想要证明什么的主题小说是所有小说中最为可憎的，它往往在某种自我满足的思想中汲取灵感，要将自以为掌握的某种真相证明出来。

反讽的哲学才能创造出激情四溢的作品。

世界仍然继续，人是它唯一的主人。束缚人的，是对另一个世界的幻想。

作者注

i：非常有趣的是，最具智慧的那种绘画将现实简化为一些基本元素，最终只是满足了视觉上的愉悦。这种艺术给世界留下的就只有色彩。

ii：我们可以好好思考一下：这就对那些最糟糕的小说做出了解释。几乎人人都认为自己能够思考，在某种程度上，无论是好是坏，都能够有效地思考。相反，只有很少的人能够想象自己是诗人或者话语的锻造者。但是一旦思想超越于风格之上，大量的人便涌入了小说。

iii：比如说马尔罗的作品。但是这样就必须同时讨论社会问题，当然，对于荒诞思想而言，这是不可避免的（尤其是荒诞思想能够提供若干种完全不同的答案）。然而我们还是得有所限制。

iv：斯塔夫罗金："您相信在另一个世界里存在永恒的生命吗？"基里洛夫："不，但是我相信这个世界里存在。"

v："人们捏造出上帝的存在，就是为了不自杀。这是对于迄今为止的历史的简述。"

vi：鲍里斯·德·施莱泽（Boris de Schloezer）。

vii：纪德对此有着非常新奇而尖锐的评论：陀思妥耶夫斯基笔下几乎所有人物都是杂交动物。

viii：比如梅尔维尔的《白鲸》。

西西弗神话

诸神判罚西西弗将岩石推上山巅，巨石因为自身的重量，到达山巅就会滚落。诸神是有道理的，他们觉得再也没有比徒劳而没有希望的劳动更加可怕的惩罚了。

如果我们相信荷马的讲述，在必死之人中，西西弗是最为智慧、最为谨慎的。但如果根据另一个传统来看，西西弗似乎从事的是强盗的工作。我倒不觉得两者有矛盾的地方。至于他为什么会在地狱里做无用功，看法不一。人们首先指责他对诸神有不敬之举。他出卖了他们的秘密。阿索波斯的女儿埃癸娜被朱庇特劫走。阿索波斯为女儿的失踪大惊失色，于是向西西弗抱怨。而后者知道这件事的内情，就承诺如果阿索波斯给科林斯城送去水，就把事情始末告诉他。比起上苍的电闪雷鸣，西西弗更喜欢水的祝福。因此他受到惩罚，被打入地狱。荷马还讲述了西西弗把死神捆起来的事情。冥王普路同不能忍受他的帝国竟然如此空寂静默，便督促战神将死神从他的胜利者手中解放出来。

人们还说，奄奄一息的西西弗鲁莽地想要考验妻子的爱情。他命令她不要埋葬自己的尸体，而是将之抛到公共广场上去。西西弗于是进了地狱。在那里，他被如此违背人类之爱的顺从激怒了，从普路同那里获准返回人间惩罚他的妻子。但是当他再一次看见这尘世的面貌，尝到水、阳光、炽热的石头和大海的滋味，他再也不愿回到阴暗的地狱去了。呼唤、愤怒和警告于他毫无作用。他继续在海湾的弧线、明亮的大海以及尘世的微笑间生活了很多年。神必须做出决定。墨丘利于是抓住了这个胆大妄为的人的领子，剥夺了他的快乐，将他带回地狱，地狱里已经为他准备好石头。

我们已经明白，西西弗是一位荒诞英雄。既因为他的激情，也因为他受到的折磨。他对于诸神的蔑视、对于死亡的仇恨和对于生命的热爱，这一切都令他情愿承受这一无法描述的折磨，耗尽生命的一切却一无所成。这是对尘世的热爱必须付出的代价。西西弗在地狱里的情况我们完全不知道。神话为想象力的发挥留下了余地。关于西西弗，我们只看到那具弓着的身体试图举起巨大的石头，推动它，让巨石沿着坡向上滚，重复上百次；我们看见他皱成一团的脸，脸颊贴着巨石，一侧肩抵住覆满泥土的石块，一只脚垫在巨石底下，臂端撑住，满是尘土的双手展现出人类的坚定。在漫长的路程之后——没有天空的空间与没有深度的时间来衡量——他终于抵达目的地。西西弗看着巨石在瞬间往地势更低的世界滚落，从那里开始，他需要再次将巨石推至山顶。然后他回到了平原上。

然而，我感兴趣的正是他往回走的这段旅程，暂时的休憩。一张在巨石旁操劳的脸已经成了石头！我看见这个人迈着沉重但均匀的步伐下山，迎接他永不结束的折磨。这一喘息的时刻和他的不幸一般往返重复，而这一时刻也是他思考的时刻。每一分每一秒，他离开山巅，渐渐往诸神的巢穴里走去时，他是超越于他的命运之上的。他比他的巨石要坚强。

如果说这一神话是悲剧，这是因为神话的主人公对此有意识。如果他踏出每一步的时候，都有成功的希望在支撑着他，那他的痛苦又究竟在哪里呢？今天，工人每天都在劳动，都在完成相同的任务，工人的命运也不见得不荒诞。但是只有在很少的时刻，工人意识到了这一点，这时他才是悲剧的。西西弗是诸神中的无产者，他无能为力，却充满反叛精神，他很清楚他悲惨的生活状况：在他向山下走去的时候，他想的就是这个。清醒造成了他的痛苦，但也完成了他的胜利。没有蔑视征胜不了的命运。

* * *

如果说有些日子，西西弗向山下走去的时候是沉浸在痛苦里，却也有可能，他有时是在快乐中走下山去的。快乐，这个词用得并不过分。我仍然想象着西西弗回到巨石边，痛苦还只是开始。当大地的种种景象强烈地纠缠着记忆，当幸福的呼唤过于逼人，他的心间也会升起悲伤：这是巨石的胜利，是巨石本身。巨大的悲伤过于强烈，难以承受。这是我们的克西马尼花园[1]之夜。但是过于沉重的真相一旦被认出，便消亡了。因此，俄狄浦斯虽然并不知道自己的命运是什么，却无条件地服从了。从他知道的那一瞬开始，悲剧也就开始了。但是同时，尽管他刺瞎双眼，绝望之极，他也承认他与这世间的唯一联系，是一个年轻姑娘清凉的手。于是他说出一句夸张的话："尽管历经考验，我与日俱增的年龄和我灵魂的高贵仍然让我觉得，一切均好。"就像陀思妥耶夫斯基笔下的基里洛夫一样，索福克勒斯笔下的俄狄浦斯就这样提供了荒诞的胜利的表述。

---

1 克西马尼花园，位于以色列耶路撒冷橄榄山下，传说耶稣就在此地被犹大出卖。被出卖的前一夜，耶稣和他的门徒在此度过一夜，让门徒祷告。

古代的智慧和现代的英雄主义如此连接在了一起。

如果没有尝试过写一部关于幸福的教科书，我们就不会发现荒诞。“唉！什么，通过如此狭窄的道路……？”但是只有一个世界。幸福和荒诞是同一片大地的两个儿子，彼此不能分离。说幸福必然诞生于对荒诞的发现也许是错的，因为也有可能，荒诞的情感是从幸福中产生。“我觉得一切均好。”俄狄浦斯说，而这句话是非常神圣的，回响在人脆弱而有限的世界里。它告诉我们，一切都还没有，也未曾山穷水尽。它将一个神从这个世界赶了出去。当初，这个神心怀不满，带着对无用的痛苦的趣味踏了进来。它把命运变成人的事情，所以命运应该是人解决的。

西西弗静默的快乐就在这里。他的命运是属于他的，巨石是他的东西。同样，荒诞之人，当他静静欣赏自己所受的折磨时，足以使一切神像缄默不语。在一个突然间回归静默的世界里，大地上升起成千上万令人迷醉的声音。无意识的、秘密的呼唤，所有面孔的邀约，这是胜利必然的反面和代价。不存在没有阴影的太阳，必须认识黑夜。荒诞之人说“是的”，他从此再也没有停止努力。即使存在个人命运，也没有高人一等的命运，或者，至少只有一种他认为是注定的、可以蔑视的命运。余下的，他很清楚自己是岁月的主人。在人转身返回生活的这一微妙时刻，西西弗回到了巨石旁，静静欣赏着一系列彼此之间没有联系的行为，他知道从此之后这是他的命运，是他自己创造的，在他记忆的注视之下融为一体，不久将会盖上死亡的印章。因此，他确信人的一切都会有人的根源，就像一个希望看见光明但明白黑夜永无尽头的盲人，一直在往前走。巨石继续滚动。

我把西西弗留在山脚下！我们总是看到他身上的重负。而西西弗告诉我们，最高的虔诚是否认诸神并且搬掉石头。他也认为一切均好。这个从此没有主宰的世界对他来讲既不是荒漠，也不是沃土。这块巨石上的每一颗粒、这黑黝黝的高山上的每一颗矿砂唯有对西西弗才形成一个世界。他爬上山顶所要进行的斗争本身就足以使一个人心里感到充实。应该认为，西西弗是幸福的。

西西弗是一位荒诞英雄。既因为他的激情，也因为他受到的折磨。他对于诸神的蔑视、对于死亡的仇恨和对于生命的热爱，这一切都令他情愿承受这一无法描述的折磨，耗尽生命的一切却一无所成。这是对尘世的热爱必须付出的代价。

西西弗是诸神中的无产者，他无能为力，却充满反叛精神，他很清楚他悲惨的生活状况：在他向山下走去的时候，他想的就是这个。清醒造成了他的痛苦，但也完成了他的胜利。没有蔑视征胜不了的命运。

荒诞之人，当他静静欣赏自己所受的折磨时，足以使一切神像缄默不语。

西西弗告诉我们，最高的虔诚是否认诸神并且搬掉石头。

补篇

原编者按：

在《西西弗神话》第一版中，我们作为补篇出版的这一章关于弗兰兹·卡夫卡的研究并不存在，取而代之的是《陀思妥耶夫斯基和自杀》。不过1943年，这一章发表在杂志《弩》上。

但是，从另一个角度来看，我们仍然可以从这一章中读到之前关于陀思妥耶夫斯基的篇章中已然存在的对于荒诞艺术的批评。

弗兰兹·卡夫卡作品中的希望与荒诞

人类状况是所有文学的公共之地，这里既有最基本的荒诞性，也有无可避免的伟大。

卡夫卡的所有艺术都在于强迫读者一读再读。卡夫卡小说的结局，或者说，缺少结局，暗示了一些解释，但这些解释都没有明说，因此，要想让这些解释立得住脚，就需要从全新的角度再读一遍。有时，有双重阐释的可能性，因而就有两次阅读。这正是作者希求的。但如果我们想要将卡夫卡作品的一切细节都解释清楚，那我们就错了。象征总是寄于普遍之中，无论对其解读得多么准确，一个艺术家却也只能够重建这个过程：逐字释义并不存在。因此，再也没有比一部象征性作品更难理解的了。象征总是超越使用它的人，并让他实际上说出比他意识到的更多的东西。从这个角度来说，能够抓住象征的最可靠的方法，就是不要带有先见去拨开它，去阅读一部作品，去寻找作品之下的暗流。对于卡夫卡来说尤其如此，最诚实的方法就是投入他的游戏，通过表象进入剧情，通过形式进入小说。

对于一个超然的读者而言，乍一看，这是一些让人焦虑的遭遇，诱惑瑟瑟发抖的、执拗的人物追索一些他们永远也无法表述清楚的问题。在《审判》里，约瑟夫·K被指控。但他不知道因为什么。也许他想为自己辩护，但是他不知道辩护什么。律师觉得他的案子很棘手。与此同时，他却并没有放弃爱、吃饭或是读报纸。接着他接受了审判。但是庭审大厅很暗。他没太弄明白。他只是猜到自己被宣判了，但是怎么判的，他也没怎么过问。他有时也会对此感到怀疑，但他继续生活着。很久以后，有两位穿着得体、彬彬有礼的先生找到他，让他跟他们走一趟。他们绅士得不能再绅士了，将他带至郊区旷野，将他的脑袋按在一块石头上，掐死了他。临死之前，被行刑的人只说了一句话："就像一条狗。"

瞧，象征是很难谈论的，尤其是在最明显的优点恰恰是自然的叙事作品中。但是自然也是难以理解的一个范畴。有些作品中的事件在读者的眼里十分自然。但还有一些作品（当然这样的要少一些），其实是人物觉得发生在自己身上的一切都很自然。于是便有了一种奇特却明显的矛盾，人物的遭遇越是奇特，故事的自然性就越是凸显：在一个人对生活的陌生感和这个人可以接受这份生活的单纯性之间存在一定距离，而故事的自然性和这份距离成正比。这样的自然就是卡夫卡的自然。正是这样，我们能够感受到《审判》想要说什么。我们谈到了关于人类状况的一幅图景。也许吧。但是比这个更简单，同时也比这个更复杂。我想说的是，小说的意义更特殊，也更“卡夫卡化”。在某种程度上，他替我们忏悔时，是他在说话。他活着，然而已经遭到判决。在小说开始的几页他就知道了，他会继续在这尘世生活，如果他想要试图补救，却也不是什么惊人之举。他从来不会为缺少惊人之举而感到惊讶。也正是通过这些矛盾，我们辨识出了荒诞作品的最初特征。有才识的人将他的精神悲剧投射在具体的事物上。他只能通过永远的矛盾的手段来做到这一点，正是这样的矛盾，赋予色彩以表达虚无的权力，赋予日常行动以诠释人类永恒的野心的力量。

* * *

同样,《城堡》也许可以算作是付诸行动的一种神学,但是首先,这是一颗灵魂在寻求眷顾,一个男人寻求世间万物庄严的秘密、向女人追问沉睡在她们身上的神的符号的个人历险。《变形记》当然表现了清醒之伦理的可怕想象。但是,这也是一个人看着自己毫不费力地就变成了动物时,这一难以估量的惊讶之情的产物。卡夫卡的秘密就在这种根本的模糊性中。他的作品充斥着这种在自然与超常、个体与普遍、悲剧与日常、荒诞与逻辑之间的不断摇摆,作品也从中获得了回响和意义。如果想要弄懂荒诞作品,就必须一一列举这些悖论,加强这些矛盾。

的确,象征有两面,有两个思想和感觉的世界,而两者之间存在着一本一一对应的词典。最难建立的就是它的词汇。但是意识到存在着两个并行的世界,就是将自己置身于它们神秘关系的路途之上。在卡夫卡的笔下,一个是日常生活的世界,另一个则是超自然的焦虑的世界[i]。在此我们似乎陷入了对尼采那句话的永恒探索中:“最大的问题就在街上。”

人类状况是所有文学的公共之地,这里既有最基本的荒诞性，也有无可避免的伟大。两者相得益彰，非常自然。我们再说一遍，两者就在我们过度的灵魂与肉体日渐消亡的欢娱的可笑分离间。荒诞，就是灵魂无限地超越了肉体。如果想要展现荒诞性，就必须通过平行比照来赋予它生命。正因为此，卡夫卡通过日常表现了悲剧，通过逻辑表现了荒诞。

演员在表现一个悲剧人物的时候，通常会花更大的气力，因为他要尽量避免夸张。如果他懂得节制，他恰恰会挑起无穷的恐惧之情。希腊悲剧在这方面教会了我们很多。在一部悲剧作品中，在逻辑和自然的面孔下，我们往往更加能够感受到命运的存在。俄狄浦斯的命运早已被告知。他将犯下谋杀和乱伦的罪孽，这是超自然的力量决定的命运。整部剧致力于通过一次次的演绎，来展现这个逻辑体系是如何完成主人公的不幸的。仅仅是向我们宣告这一罕见的命运并没有什么可怕的，因为它过于荒谬。但是如果证明了它在日常生活中、社会中、国家中、熟悉的情感中是必然的，那就令人恐惧了。就在这让人心绪不宁、让人喊出“这不可能”的反抗中，已经有了对于“这是可能的”令人绝望的确认。

这是希腊悲剧的所有秘密，或者说，至少是其中的一个方面。因为还有另外一面，即通过完全相反的方法能够让我们更好地懂得卡夫卡。人心有一种让人恼火的倾向，只把能压倒人的称之为命运。但是幸福也以它自己的方式表现得毫无理由，因为它来就来了，无法回避。现代人虽然没有看轻幸福，却把它归功于自己。相反，希腊悲剧中最偏爱的命运倒似乎还可以一说再说：像尤利西斯那样的，在最糟糕的境遇中解救了自己。

而我们无论如何应该记住的，是悲剧中将逻辑和日常生活连接在一起的神秘的同谋关系。这就是为什么萨姆沙，《变形记》中的主人公，是个旅行推销员。这也是为什么，在他被变成一条虫子的遭遇中，唯一让他烦恼的是他的老板会气恼他不在。他的身上长出了爪子和触角，他的脊柱弯曲起来，腹部布满了白色的瘢痕——我并不是说这一切不让人感到惊讶，因为这里并没有写到效果——但是这只让他感受到了一点“轻微的烦恼”。卡夫卡的所有艺术就在于这点分别。他的代表作《城堡》就是以日常生活的细节取胜的，但是，在这部奇特的小说中，没有什么结局可言，一切都在重新开始，展现的是一颗不断寻求眷顾的灵魂的主要遭遇。将这一问题转换到行动中，在普遍与个体之间的这种对应，我们在伟大的创作者特有的那些小技法中都可以看到。在《审判》里，主人公当然也可以叫施密特或者弗兰兹·卡夫卡。但是他叫约瑟夫·K……他不叫卡夫卡，但又是他。这是一个普通的欧洲人，和所有人一样。但是他也是实体K，为血肉的方程式提出了X的问题。

同样，如果说卡夫卡想要表达荒诞，他用的却是一致的手法。我们都知道那个在浴盆中钓鱼的疯子的故事。一位对精神疾病治疗颇具心得的医生问他："鱼会咬钩吗？"而他正儿八经地回答说："当然不会，傻瓜，因为这是浴盆。"这个故事颇具巴洛克风格。但是我们能够立刻感受到荒诞的效果和逻辑的滥用之间的关系。卡夫卡的世界就是这个无法言明的世界，尽管人知道什么也钓不上来，但他赋予自己在浴盆里钓鱼、深受折磨的奢侈权利。

因而我认为，从基本特征来说，这是一部荒诞作品。比如说《审判》，我可以说是完全的成功。肉身胜利了。什么也不缺，既不缺没有表述出来的反抗（其实是反抗自身在书写），也不缺缄默而清晰的绝望（其实是绝望自身在创造），也不缺小说人物直至死亡时所表现出来的惊人的自由。

*　*　*

不过，这个世界并不像表面上的那么封闭。在这没有进步的世界里，卡夫卡想要引入一种形式奇特的希望。从这个意义上来说，《审判》和《城堡》不是往一个方向上去的作品。它们彼此补充。从一部作品到另一部作品难以察觉的渐进展现了在逃避上取得的过度的征服。《审判》提出的问题，《城堡》在某种程度上解决了。前一部作品是在用一种几乎科学的手段进行描述，没有给出结论。而后一部作品则在某种程度上进行了解释。《审判》进行诊断，《城堡》想象了一种治疗。但是这里所提出的药方并不能治愈，它只是使得疾病进入了正常生活，帮助我们接受它。在某种意义上（我们可以想想克尔凯郭尔），它让我们与之亲近。土地测量员 K 除了让自己烦恼的这点事情以外，根本没有别的担忧。而他周围的人又十分迷恋他这份空虚和莫名的痛苦，就好像痛苦在这里有它偏爱的面貌。“我是多么需要你，”弗丽达对 K 说，“自从我认识你之后，只要你不在我身边，我就感觉到自己被抛弃了。”这一微妙的药方让我们爱上压倒我们的事物，让我们在这没有出口的世界里生出希望，这种突然的“跳跃”使一切都发生了变化，这就是存在的革命和《城堡》本身的秘密。

就方法而言，鲜有作品像《城堡》一样严谨。K 被任命为土地测量员，他来到了村里。但是从村庄到城堡，根本没有路。在几百页的篇幅里，K 固执地找寻他的道路，用尽了一切手段、诡计、迂回，但从不发火，带着出乎意料的信念，想要完成人们赋予他的使命。每一章都是失败，也是重新开始。这并不是逻辑，而是持续的精神。正是这份执着造就了作品的悲剧性。K 往城堡打电话的时候，他听到的尽是些混杂、纷乱的声音，模糊的笑声，还有远处传来的呼唤声。这一切已经足够滋养他的希望，就像在夏日的天空中出现的一些迹象，或是夜晚的承诺就足以成为我们活下去的理由一样。我们在这里找到了卡夫卡特有的忧伤的秘密。同样的忧伤，我们在普鲁斯特的笔下或是普罗提诺笔下的风景中也能够感受到：是对失去的天堂的怀念。“我变得如此忧伤，”奥尔加说，“当巴尔纳贝早上和我说，他要去城堡：这旅程也许毫无用处，也许又失去了一天，这希望也许是徒劳的。”“也许”，卡夫卡就是将他的作品完全押在这一点差别上。但是什么也没有，对永恒的追寻是小心翼翼的。而卡夫卡笔下这些人物灵感来源的自动木偶，让我们看清楚了我们自己可能的模样，我们被剥夺了我们的消遣[ii]，完全置身于神的侮辱之中。

在《城堡》中，对于日常生活的服从成为一种伦理。K的最大希望就是城堡能够接纳他。但是他一个人做不到，于是他付出所有的努力，想要配得上这份恩宠，成为村里的一分子，洗脱所有人都让他感受到的外乡人的身份。他想要的，是一份职业，一个家，过正常、健康的生活。他再也承受不了自己的疯狂。他想要变得理性。他想要摆脱让他异于村里人的特别的诅咒。弗丽达的插曲在这个意义上是至关重要的。这个女人认识城堡里的一个公务员，如果说K把她变成了自己的情妇，那是因为她的过去。他在她身上寻找超越自身的某种东西，同时，他很清醒地认识到，是什么使得她和城堡不相称。在这里，我们会想起克尔凯郭尔对于雷吉娜·奥尔森奇特的爱情。在某些人那里，吞噬他们的永恒之火足够强烈，足以将身边人的心燃起来。将不是上帝的东西给了上帝，这一致命错误也是《城堡》这一插曲的主题。但是对于卡夫卡而言，似乎这并不是错误。这是一种理论，是一种"跳跃"。没有任何东西不是上帝的。

更具意味的是土地测量员摆脱弗丽达，投入巴尔纳贝姐妹的怀抱。因为巴尔纳贝家是村里唯一完全被城堡和村子抛弃的人家。姐姐阿玛利亚拒绝了城堡一位公务员的可耻求欢。随之而来的不道德的诅咒使得她永远不再受到上帝眷顾。不能够为上帝丢弃自己的名誉，这使得她无法得到上帝的恩宠。我们在这里看到了存在主义哲学非常熟悉的一个主题：真理是道德的反面。这里却走得更远。因为卡夫卡的人物所完成的道路，即从弗丽达到巴尔纳贝姐妹之间的道路，就是从信赖爱情到奉荒诞为神明的道路。这里，卡夫卡的思想再次与克尔凯郭尔会合。所以，“巴尔纳贝姐妹的故事”位于小说的结尾处也就不奇怪了。土地测量员的最后一搏，就是通过否定上帝的力量重新找回上帝，认出他来，不是根据善和美的指引，而是在这些空虚而丑陋的面孔背后，在冷漠、不公和仇恨背后，找到他。这位请求城堡接纳他的外乡人，在旅途尽头被流放得更远了一点，因为这一次，他不忠的是自己，他抛弃了道德、逻辑和精神层面的真理，只是带着满脑子的虚妄的希望，试图走入神的恩宠的荒漠[iii]。

* * *

“希望”一词在这里并不可笑。而正相反，卡夫卡所描述的状况越是悲凉，这希望就越是会变得强硬，充满挑衅的意味。《审判》越是荒诞，《城堡》中那兴奋的“跳跃”就越显得动人且不合理。但是，我们在这里找到了处在纯粹状态的存在思想的悖论，就像克尔凯郭尔所说的：“我们应当给予尘世的希望以致命打击，只有这样，我们才能通过真正的希望[iv]得到救赎。”对此我们可以这样来诠释：“必须写下《审判》，才能着手写《城堡》。”

大多数谈论卡夫卡的人将他的作品定义为绝望的一声呼喊，没有给人留下任何救援的可能。但是这一说法有待修正。有这样和那样的希望。亨利·波尔多[1]先生乐观的作品在我看来就尤其使人丧气。因为这样的作品根本容不下稍微有点苛刻的心灵。但是相反，马尔罗的思想却使人振作。对于这两种作品而言，不是一样的希望，也不是一样的绝望。我只是发现荒诞作品本身能够导致我想竭力避免的不忠实。那种只是对产生不了什么的状况无限重复的作品，对可能灭亡的东西富有洞察力地颂扬的作品，在这里都变成了幻灭的摇篮。它解释，并且赋予希望以形式。创造者从此再也不能与之分离。这不是一种它本该成为的悲

1　亨利·波尔多（Henry Bordeaux，1870—1963），法国作家。

剧游戏。它赋予作者生活以意义。

非常奇怪的是，灵感来源相近的这些作品，比如卡夫卡、克尔凯郭尔或者舍斯托夫的作品，简单地说，就是存在主义小说家和哲学家的作品，转向了荒诞和荒诞的结果之后，最终都抵达这一高声的、希望的呼喊。

他们都拥抱了吞噬他们的上帝。正是通过谦卑引入了希望。因为存在的荒诞使他们能够更接近超自然的现实。如果这样的生活之路最后导向上帝，那便是有出路的。而克尔凯郭尔、舍斯托夫和卡夫卡的主人公们在重复旅程时的这份坚持和固执对于这份确信激发出来的力量来说，是一种特有的保证[v]。

卡夫卡否认他的神具有道德的伟大性，具有明显性、善良和一贯性，但这都是为了能够更好地投入神的怀抱。荒诞于是被承认，被接受，人服从于它，而从这一刻开始，我们知道他再也不是荒诞之人了。在人类状况的边界内，还有比可以避免这一状况更大的希望吗？我又一次看到，存在的思想和流行观点正相反，前者充满过度的希望，而过度的希望和原初的基督教以及对救世福音的宣告一起，托起了旧世界。但是在这所有存在思想都有的跳跃中，在这份执着中，在这对于没有面目的神性的测量中，又怎会看不到一种自我放弃的清醒的标志呢？我们仅要一种自尊，它通过放弃希望来自我救赎。这份放弃也许是富有成果的。但这一点改变不了另一点。在我的眼里，即便我们说清醒的道德价值就像一切骄傲一样毫无成效，它也不会因此而贬值。因为真理从其自身的定义而言是没有成效的。所有明显的东西都是这样。在一个一切都被给予而什么也没有得到解释的世界里，所谓价值或形而上的思想的丰富性只是一个没有意义的概念。

无论如何，我们可以看到，卡夫卡的作品寄身于什么样的思想传统里。事实上，把从《审判》到《城堡》看作是一种严密的方法也许不够聪明。约瑟夫·K 和土地测量员 K 只是吸引卡夫卡的两极而已[vi]。我和他会说一样的话，我会说他的作品也许并不荒诞。但是即便这样也不能剥夺他作品的伟大和普适性。这份伟大和普适性来自他知道如何广泛地展现从希望的日常到沮丧的过渡，从绝望的智慧到心甘情愿的盲目的过渡。他的作品具有普适性（一部真正荒诞的作品是不具有普适性的），正是因为它们展现了人想要逃离人性的动人面孔，他在种种矛盾中汲取了信念的理由，在丰富的绝望中汲取了希望的理由，把他对死亡的可怖的学习称为生活。他的作品具有普适性，是因为它的灵感来源于宗教。就像在所有的宗教中，人从自身生命的重量中释放出来。但是如果我知道这一点，如果说我也非常欣赏这一点，我却也知道，我并不找寻具有普适性的东西，而是找寻真实的东西。两者不必吻合。

如果我说，真正绝望的思想恰恰是通过反面的标准来定义的，而悲剧性的作品可以是描述被驱逐了未来的希望之后获得幸福的人的生活的作品，我们应该能够更好地理解这种看待事物的方式。生活越是激动人心，想到要失去它就越是荒诞。也许这就是为什么我们能够在尼采的作品中感受到这份绝妙的冷漠无情的秘密所在。从这个方面来说，尼采似乎是能够从荒诞美学中引出极端后果的唯一的艺术家，因为他最后的启示就在于这份没有结果的、胜利的清醒中，在对于所有超自然的安慰的固执的否定中。

上述文字足以揭示卡夫卡作品之于本文的最大的重要性。我们已然来到人类思想的边界。在充分的意义上，我们可以说作品中的一切都是本质性的。它从总体的角度提出了荒诞的问题。如果我们把这些结论和我们开始时的观点结合起来，将本质和形式结合起来，将《城堡》的神秘意义和自然艺术——作品正是在这当中展开的——结合起来，将 K 充满激情和骄傲的追寻和追寻所寄身的日常生活的背景结合起来，我们就会懂得它的伟大。因为如果说怀念是人的标志，可能没有一个人给予追悔的灵魂以这么多的血肉和立体感。但是我们同时也能够抓住荒诞作品要求的奇特的伟大性何在，虽然也许这里并没有。如果说艺术的特性在于将普遍与特殊联系起来，将一滴水可能消失的永恒和光影的游戏联系起来，的确，我们更可以通过荒诞作家所引入的两个世界之间的距离来衡量他的伟大，他的秘密就在于找到连接最不对称的两者的这一点。

说真的，人和非人之间这一准确的连接点，纯粹的心灵到处都能看见。如果说《浮士德》和《堂吉诃德》是艺术的巅峰创造，那是因为他们通过那双尘世间的手为我们指明了种种伟大。但是，总会有这样的时刻，精神趋于否定触手可及的真理。总会有这样的时刻，创造不再被当作悲剧来看待，它只是被严肃对待。这时人关心的是希望。但希望不是他的事情。他的任务是远离借口。而我在卡夫卡向整个世界提出激烈控诉的最后看到了他。最后，他用难以置信的判词宣告，连鼹鼠都参与希望的这个丑陋而惊人的世界无罪[vii]。

人心有一种让人恼火的倾向，只把能压倒人的称之为命运。但是幸福也以它自己的方式表现得毫无理由，因为它来就来了，无法回避。

我并不找寻具有普适性的东西，而是找寻真实的东西。

如果说艺术的特性在于将普遍与特殊联系起来，将一滴水可能消失的永恒和光影的游戏联系起来，的确，我们更可以通过荒诞作家所引入的两个世界之间的距离来衡量他的伟大，他的秘密就在于找到连接最不对称的两者的这一点。

总会有这样的时刻，精神趋于否定触手可及的真理。总会有这样的时刻，创造不再被当作悲剧来看待，它只是被严肃对待。

作者注

i：必须记住，如果我们用社会批评来诠释卡夫卡的作品（例如《审判》），也同样是合理的。而且也许我们别无选择。两种诠释的方法都很好。从荒诞的角度来看，就像我们在文中看到的那样，针对人的反抗同样也针对上帝：伟大的革命都是形而上的。

ii：在《城堡》中，帕斯卡意义上的“消遣”是通过侍从来表现的，他们让 K 摆脱了他的忧虑。如果说弗丽达终于成为其中一个侍卫的情妇，那是因为她比起真理，更喜欢背景，比起共同分担恐惧，更喜欢每天的平常日子。

iii：当然，这只适用于卡夫卡留给我们的《城堡》的未完成稿。但是作家在最后几章里切断小说风格一贯性的做法还是很值得怀疑的。

iv：心灵的纯洁。

v：《城堡》里唯一不抱希望的人物是阿玛利亚，而土地测量员最激烈反对的人也就是她。

vi：关于卡夫卡思想的两个方面，可以比较《在监狱中》“罪孽（人的罪孽）从来不可疑”，和《城堡》的一个片段（莫缪斯的报告）“土地测量员 K 之罪难以成立”。

vii：上述的一切当然是对卡夫卡作品的一种阐释。但是我们也许应该加上，在一切的阐释之外，我们也可以从单纯的美学角度来看待卡夫卡的作品。例如，B. 格罗聚森（B. Græthuysen）为《审判》所写的完美的序言就比我们要明智得多，他仅仅局限于追随他以惊人的方式称之为清醒的沉睡者的一系列痛苦的想象。这是这部作品的命运，也可能是它的伟大之处，因为这部作品什么都呈现了，却什么都没有确定。

图书在版编目（CIP）数据

西西弗神话 /（法）阿尔贝 · 加缪（Albert Camus）著；袁筱一译. — 长沙：湖南人民出版社，2021.2
ISBN 978-7-5561-2591-3

Ⅰ. ①西… Ⅱ. ①阿… ②袁… Ⅲ. ①随笔–作品集–法国–现代 Ⅳ. ①I565.65

中国版本图书馆CIP数据核字（2020）第203589号

西西弗神话
XIXIFU SHENHUA
［法］阿尔贝 · 加缪 著 袁筱一 译

出 品 人 陈 垦
出 品 方 中南出版传媒集团股份有限公司
上海浦睿文化传播有限公司
上海市巨鹿路417号705室（200020）
责任编辑 曾诗玉
装帧设计 祝小慧
责任印制 王 磊
出版发行 湖南人民出版社
长沙市营盘东路3号（410005）
网 址 www.hnppp.com
经 销 湖南省新华书店
印 刷 深圳市福圣印刷有限公司

开本：880mm × 1230mm 1/32 印张：7 字数：112千字
版次：2021年2月第1版 印次：2025年9月第14次印刷
书号：ISBN 978-7-5561-2591-3 定价：46.00元

出 品 人：陈 垦
出版统筹：戴 涛
监　　制：余 西 仲召明
策划编辑：廖玉笛
装帧设计：祝小慧

欢迎出版合作，请邮件联系：insight@prshanghai.com
新浪微博 @浦睿文化